Boris Vallaud

En permanence

Ces vies que je fais miennes

Odile
Jacob

3, rue Auguste-Comte, 75006 Paris

www.odilejacob.fr

ISBN : 978-2-4150-0948-9

À Nour et Louis.

J'étais au pays du salpêtre, avec les héros anonymes,
avec celui qui creuse une neige fertilisante et fine
sur la dure écorce de la planète ;
et j'ai serré avec orgueil leurs mains de terre.

Et ils m'ont dit : « Regarde,
mon frère, comment nous vivons,
ici à "Humberstone", ici à "Mapocho",
à "Ricaventura", à "Paloma",
à "Pan de Azucar", à "Piojillo". »

Et ils m'ont montré leurs rations
de misère,
le sol de terre des maisons,
le soleil, la poussière, les vinchucas
et la solitude sans fin.

J'ai vu le travail du mineur
qui laisse incrustée dans le bois,
autour du manche de la pelle,
toute l'empreinte de ses mains.

Du fond exigu de la mine,
tel un utérus infernal,
j'ai entendu une voix s'élever,
puis j'ai vu remonter à la surface
un être sans visage,
un masque barbouillé de sueur,
de sang et de poussière.

Et ce masque m'a dit : « Où tu iras,
parle de ces souffrances,
parle, mon frère, de ton frère
qui vit en bas, dans cet enfer. »

Pablo Neruda, « Les hommes du nitrate ».

Avant-dire

À l'heure où j'écris ces lignes, la France n'a plus de gouvernement depuis plusieurs semaines à la suite d'une dissolution dont le pays peine encore à comprendre le sens. Une nouvelle majorité parlementaire semble introuvable, aucune plateforme programmatique ne permet de réorganiser les forces politiques et le président se refuse à reconnaître le Nouveau Front populaire comme le bloc arrivé en tête aux élections législatives, et donc appelé à exercer la responsabilité gouvernementale. Lorsque vous lirez ces premières pages, il en sera tout autrement, mais il importe peu que je ne puisse commenter cette situation nouvelle avant que de la connaître. J'ai précisément conçu ce livre pour échapper au flux continu de l'information politique et tenter de repenser la raison d'être de la gauche dans le pays tel que je le connais, à partir des situations vécues par les femmes et les hommes que je connais. Et, croyez-moi, l'écart est bien grand entre ce que j'écoute dans ma permanence des Landes et ce que j'entends à Paris. Trop grand, beaucoup trop grand pour que quelqu'un dans ma situation ne fasse pas tout pour contribuer à le résorber. Car il ne s'agit plus seulement de cette fameuse fracture entre les territoires ruraux et urbains qui alimente les éditoriaux de journaux depuis vingt ans, il s'agit pour moi de la fracture de la gauche avec les 40 à 45 % des électeurs qui choisissent désormais le Rassemblement national pour les représenter et répondre à leurs problèmes. Bien sûr, la première recouvre bien souvent les frontières de la seconde, mais cette dernière est bien plus large et plus profonde. Pire, elle nous est une véritable *terra incognita* si l'on en croit nos réactions aussi convenues que forcées à la « victoire » du front républicain. Cette victoire que j'ai appelée de mes vœux et que j'ai contribué à ériger est à bien des égards un trompe-l'œil : je l'ai mesuré en tout premier lieu dans ma circonscription qui a très largement basculé dans le vote pour le Rassemblement national, comme les deux autres circonscriptions des Landes, pour la première fois. Ce qui veut dire, très simplement, que beaucoup d'hommes et de femmes qui m'apprécient et me respectent – qui sont, à ce niveau de suffrage, nos voisins, nos amis, nos familles même –, pour qui j'ai en retour bien souvent de l'amitié, de la proximité, de la complicité et tant d'autres sentiments de considération, ont jugé que le bulletin de Jordan Bardella était plus adapté à leurs aspirations que le mien – socialiste en terre socialiste, dit-on – sous bannière

Front populaire. Et cela en dépit de ma présence jamais démentie auprès d'eux comme élu depuis sept ans, et alors même que la candidate du Rassemblement national, qui a fui tous les débats de la campagne, n'aura jamais eu pour eux ni voix ni visage, pas même sur ses affiches électorales. Mon premier sentiment au soir des élections n'a pas été celui de l'indignation, de la dénonciation morale ou de la « perplexité soupçonneuse » à l'endroit de Français qui auraient mal voté dont une certaine gauche est parfois coutumière. Je ne crois pas non plus avoir éprouvé de soulagement à ma propre victoire et plus largement à l'échec – peut-être provisoire – du RN à conquérir le pouvoir que les sondages lui promettaient. Je me suis senti étranger aux effusions humanistes auxquelles certains ont cru pouvoir se livrer. Je me suis simplement demandé, meurtri et le cœur lourd d'un sentiment de culpabilité qui ne me quitte pas depuis : avons-nous fait suffisamment ? Avons-nous fait suffisamment pour ne pas vivre dans un pays fracturé, dominé par la peur de l'avenir et rongé par un sentiment d'injustice, un pays dans lequel chacun défend sa colère, et désormais prêt à toutes les aventures ? Ai-je fait suffisamment, moi, pour ces femmes et ces hommes pour lesquels j'ai choisi de m'engager ? La réponse était dans les urnes. Comme tout candidat à une élection, je l'ai bien sûr vécu aussi comme une blessure narcissique, presque comme une désillusion amoureuse, alors qu'au soir du premier tour je ne comptais, dans mon petit village même, que quelques voix d'avance sur ma concurrente, mais surtout comme un choc politique qui m'impose un sérieux examen de conscience. Parce que, en démocratie, ils ont raison par définition. Parce que dans les fermes et les villages des Landes, une grande part de ce que je défends depuis Paris est à côté de la plaque, à côté de leurs vies, à côté de leurs exigences, bon à être mis de côté pour de bon. Je ne peux m'y résoudre parce que, si je crois au plus profond de moi-même en ce que je défends, je sais aussi que je ne peux pas avoir raison tout seul, envers et contre toutes les évidences, électorales et humaines. Oui, je pense qu'à côté des réflexions politiques qui devront être collectives et élargies très au-delà des seuls partis politiques, devenus à certains égards un désespérant cartel tourné sur lui-même, nous allons devoir, à gauche, nous imposer un retour aux choses humaines pour comprendre vraiment ce que demande le peuple et comment nous pouvons y répondre. Il va nous falloir « dire ce que l'on voit, voir ce que l'on voit », comme le plaidait si justement Charles Péguy, posant ainsi sur la table l'impérieuse nécessité de nous interroger sur ce que « représenter » veut dire en politique. Il va nous falloir aller au fond des vies, les écouter et les comprendre. Reprendre, humbles mais déterminés, le chemin tortueux des cœurs et des âmes et réécrire cette langue commune qui nous a échappé. Une langue qui se parle et par laquelle les vies se disent, se racontent, se représentent elles-mêmes. Nous ne pourrons pas nous satisfaire d'un antifascisme paresseux, si nécessaire que soit la lutte contre le racisme, l'antisémitisme et la xénophobie.

Ni perdre trop de temps dans la quête d'un « chef incontestable » que la gauche ne s'est jamais donné, méfiante qu'elle fut dans sa longue histoire des formes de charisme traditionnel fondé sur l'autorité d'un seul et préférant toujours le chemin du collectif. Ni moins encore espérer de la résurrection de quelques grands mythes historiques à la source desquels la gauche inquiète aime d'ordinaire se ressourcer. Notre époque me paraît plutôt devoir être celle du doute sur nos certitudes d'hier. Rien, enfin, ne serait pire que de réactiver les pièges d'une eschatologie révolutionnaire ou de reformuler la promesse, si souvent faite, de « lendemains qui chantent ». Je crois que, avant de rompre avec l'ordre établi, il va nous falloir rompre avec une partie de ce que nous sommes devenus : l'incarnation même de l'ordre établi.

Retour aux choses humaines donc. Des hommes, des femmes, ce livre les raconte. Je m'accroche à leurs visages dans l'épais brouillard de l'époque. Tout est brouillard. Les idées, les valeurs, les convictions, les repères, tout semble vaciller dans une vie politique dont plus personne ne sait dire où elle va, tant la confusion est généralisée. Les étiquettes politiques sont trompeuses, des engagements de trente ans s'évanouissent à la faveur de tel ou tel événement, de telle ou telle opportunité, l'impunité de dire tout et son contraire est totale, les grandes figures auxquelles attacher sa loyauté s'éloignent et leur souvenir s'efface dans une société peu soucieuse de mémoire et d'histoire. On va de gauche à droite et de droite à gauche, en espérant se retrouver au centre le plus souvent, mais sans avoir à le penser ou à le dire. La trahison est devenue l'ultime sincérité. S'indigner des idées d'extrême droite, la dernière des lâchetés. C'est pourtant une partie de mon rôle de député et de responsable politique, socialiste et républicain vibrant, que de garder les idées claires, d'indiquer une direction à prendre, de parler assez fort, assez juste, assez vrai pour tenter de percer un peu de ce brouillard dans lequel nous avons peur de nous perdre, loin les uns des autres, au milieu de nulle part. Je m'y efforce mais je ne suis pas certain d'y parvenir, tant l'art de communiquer et de persuader est devenu un exercice difficile, sinon impossible. La sollicitation permanente de nos attentions, l'injonction à prendre parti, sur tout, partout et tout le temps, est un fléau majeur qui porte atteinte en profondeur à la démocratie, j'en suis convaincu. Dès lors, que faire, que dire, comment ? Les réseaux sociaux, les médias, les influenceurs, les coups d'éclat vides de sens et de portée politique auxquels on finit par consentir dans le vain espoir d'accrocher un bout de lumière, d'arracher quelques *likes*, de provoquer une réaction tout aussi dénuée d'intérêt ? C'est devant mon propre épuisement face à ce défi absurde que je me suis résolu à prendre les choses autrement. En revenir à ce que j'aime au plus profond de moi, à ce en quoi je crois, à ce qui me semble un geste politique toujours essentiel : un livre, l'écriture, considérer les femmes et les hommes de ma circonscription. Non pas que les idées, les propositions programmatiques, le travail parlementaire, la vie des partis avec les alliances ou les éloignements stratégiques, les débats idéologiques, le dialogue avec les organisations et les institutions représentatives dans la société ne soient pas des enjeux de première importance : ils sont l'ordinaire et le fondement de tout engagement politique. J'en viens simplement à considérer que ces exercices sont vains si vous ne donnez pas davantage de vous-même, si vous ne dévoilez pas plus profondément qui vous êtes. Comme il ne peut s'agir de la vie privée ou des vanités qui font la chronique de la vie mondaine, je fais le pari d'une écriture personnelle dont l'ambition est de témoigner de mon rapport au monde, de ma relation aux autres, de ce qui fonde mes convictions politiques. Quelque chose qui s'inspire du *connais-toi toi-même* de Socrate, ou de Montaigne : une méthode qui, c'est le moins qu'on puisse dire, a fait la preuve de sa fécondité au cours des siècles.

On m'opposera que ce n'est pas la voie la plus efficace pour faire exploser les unités de bruit médiatique, comme disent les communicants, mais qu'on se rassure, ce n'est pas le but. La politique n'a pas besoin de plus de bruit, elle a besoin de plus de sincérité, de vérité, de crédibilité dans son rapport au réel, aux humains, à la souffrance sociale, aux espoirs d'une vie meilleure. Et pour réinstaller ces valeurs au cœur de la démocratie, c'est-à-dire dans le lien qui unit le citoyen à ses représentants, il faut du temps, de la patience, de la minutie, du travail, de l'intimité. Ce livre que j'assume pleinement comme un acte de communication politique, j'ai donc voulu qu'il soit un peu différent en lui donnant un caractère tendant à la littérature. J'entends par littérature, non pas une qualité supérieure d'écriture ou un recours à la fiction, ce qui serait à la fois présomptueux et hors propos, mais une forme de liberté dans la construction, les objets et le style du texte. Ici, je ne veux rien prouver ou démontrer, mais éprouver mes convictions au contact du réel, montrer ce que je vois et ce que je comprends. Cette tentative, je veux le dire aussi, n'est pas une fuite, une esquive, une pause ou je ne sais quelle récréation qui me permettrait de surplomber le tumulte, de m'élever au-dessus de la mêlée. Je voudrais, au contraire, plonger tout entier dans ce brouillard qui nous désoriente et qu'il devient urgent de dissiper. Nombreux sont les moments de l'histoire qui ont exigé, ici et là, ce retour à l'écriture solitaire, avant de pouvoir agir et reconstruire du collectif à grande échelle. Parce que, avant de dire où l'on va, il faut tenter de dire qui on est.

Ce brouillard, ce n'est pas tant l'incertitude inquiète d'une possible arrivée au pouvoir de l'extrême droite à court terme : le combat pour empêcher ce désastre d'advenir ne peut pas attendre, nous le menons tous les jours avec ardeur et nous sommes quelques-uns, de plus en plus nombreux, à nous affranchir des convenances et des prudences que nous imposent les échéances électorales, les querelles anciennes ou les accords entre partis pour préparer les batailles à venir. Non, le brouillard, c'est cette part de victoire déjà acquise de l'extrême droite dans la vie publique, médiatique, intellectuelle, qui ne cesse de s'étendre jour après jour avec le concours toujours plus actif et conscient de pans entiers de la société. Aucun parcours n'immunise, aucun brevet ne retient qui que ce soit de basculer et de contribuer à la puissance de cette vague réactionnaire, nationaliste, xénophobe, intolérante, antisociale et antidémocratique qui nous submerge. Aucun parcours, aucun brevet, aucune appartenance politique préalable : ni celui d'avoir un jour été à gauche ou de l'avoir revendiqué, ni celui d'avoir été gaulliste, démocrate-chrétien ou libéral soucieux avant tout des libertés individuelles. Cet effondrement moral et politique est total : il n'est pas non plus la dérive d'une société du spectacle ayant échappé au contrôle de ses maîtres, il s'agit bien d'un événement politique qui se joue dans les règles de la vie politique, économique, sociale et culturelle que nous avons construite. Nous, les socialistes, les écologistes et les anticapitalistes qui nous reconnaissons aussi, avant tout, comme des démocrates, nous sommes en train de perdre, à la loyale. Nous ne pouvons fuir, en nous défaussant, le théâtre des opérations, celui de la vie politique. Nous devons reprendre la bataille des idées en chacun des points où le front est en train de céder et rappeler au combat les troupes restées à l'arrière. Il est temps à celles-là de prendre parti avant qu'il ne soit trop tard. Nous savons que la géographie de la gauche, demain, ne ressemblera pas à ce qu'elle a été, ni à ce qu'elle est encore aujourd'hui. Certains continueront à quitter notre gauche, nous allons devoir les laisser partir sans composer avec leurs trahisons, et d'autres y reviendront, nous allons devoir les accueillir sans exigence de réparation. Cette redistribution des forces en présence, personne n'en est l'architecte, ni même l'instigateur, elle est comme organique. Responsable politique chevronné ou citoyen sans attache partisane, chacun est devant sa conscience et cherche du regard celles et ceux qui lui ressemblent, qui partagent les mêmes instincts, les mêmes dégoûts et les mêmes aspirations. Nous le faisons dans les travées de l'Assemblée, dans les salles de réunion de nos partis, sur la scène des tables rondes qui nous réunissent si souvent partout à travers le pays, dans nos permanences, dans nos vies respectives, je le fais dans cette terre chère à mon cœur, les Landes, dont je suis l'élu, partout et tout le temps. Nous nous demandons sans cesse qui nous sommes, qui nous voulons être, ce que nous voulons et combien nous sommes, nous qui voulons reconstruire ensemble une gauche plus grande, plus large et plus solide. À travers les portraits sensibles de ce livre, en vous invitant à partager le regard que je porte sur les paysages, les femmes, les hommes qui m'entourent mais aussi mes affinités électives les plus personnelles, j'ai voulu mener différemment une part de cette enquête, y apporter aussi la part de mes réponses qui ne peuvent respirer ailleurs que dans les pages d'un livre. Je leur dédie ces lignes, ainsi qu'à toutes celles et tous ceux qui n'ont pu y figurer.

Un train

Je crois ne jamais monter dans un train sans penser aux premières lignes de *La Modification* de Michel Butor : « Vous avez mis le pied gauche sur la rainure de cuivre, et de votre épaule droite vous essayez en vain de pousser un peu plus le panneau coulissant [...]. » J'ai pris l'habitude de dire que c'était là mon livre préféré, parce qu'il en faut bien un, et puis que ça pose pas mal d'aimer le nouveau roman, surtout quand on ne lit plus trop de romans, plus aimanté d'année en année par les sciences sociales que par la littérature. La vérité, c'est que je ne saurais dire si c'est une grande œuvre, sans doute moins que d'autres, mais je suis au moins sûr d'une chose, c'est du choc esthétique que provoqua chez moi la lecture adolescente de ce livre écrit à la deuxième personne du pluriel, poétique huis clos dans un train menant à Rome, poétique pérégrination dans la conscience intérieure du narrateur conduit à modifier le dessein premier de son voyage. Ce roman fit naître en moi, dans un même élan, prétention à l'écriture et frustration de ne pas en avoir le talent, inaugurant cependant une grande, mais muette, carrière d'auteur de chapitres premiers et d'œuvres inachevées en tout genre. Je n'en aime pas moins ce roman dont j'ai dans ma bibliothèque un exemplaire que mon épouse me fit dédicacer par l'auteur peu de temps avant sa mort. Un fétiche !

Un train donc, comme celui que j'emprunte chaque semaine dans un sens, puis dans l'autre. Passant en trois heures et vingt minutes d'un monde à un autre. Quittant les salons lambrissés et dorés du palais Bourbon ou de quelque autre « lieu de pouvoir » pour ma modeste permanence de Saint-Sever, cité historique de moins de 5 000 habitants dont le drame est de n'avoir pas su devenir le chef-lieu du département des Landes. Celle qui fut dans l'histoire tour à tour un camp militaire puis une prospère cité romaine, un haut lieu de la vie spirituelle et religieuse au Moyen Âge et le théâtre d'affrontements épiques entre Plantagenêts et Capétiens n'est plus, même aujourd'hui, une sous-préfecture. Il n'y a plus ici ni lycée depuis longtemps, ni tribunal depuis peu. J'y ai établi ma permanence dans une parfaite équidistance entre les plus éloignés des points cardinaux de ma circonscription. À portée de chacun et au milieu de tous.

C'est une petite maison de ville aux volets rouges un peu délavés et aux gonds rouillés pleurant à grosses larmes brunes sur la façade craquelée. J'y ai là un souvenir d'avant les souvenirs. La famille rassemblée dans ce qui fut autrefois un restaurant de bonne réputation, quelques amis aussi, pour le déjeuner qui suivit l'enterrement de mon grand-père. C'est désormais mon bureau. La vie qui joue aux dés en quelque sorte… Il repose là, à quelques volées d'ailes, aux côtés de ma grand-mère, d'un oncle, d'une grand-tante et de cousins dont les patronymes se rattachent tous à cette terre gasconne. Être de quelque part ? Cette question est longtemps demeurée pour moi sans réponse, longtemps d'ailleurs, elle ne fut pas même une question. Une enfance parisienne, nourrie, il est vrai, de l'impatience de vacances landaises jamais manquées, suivie d'une vie adulte un peu nomade avaient suffi à faire de moi, croyais-je, un homme de nulle part. Par coquetterie sans doute, aussi, comme une façon un peu prétentieuse d'être de partout, qui rend en réalité aveugle à l'autre et à sa singularité, peut-être un peu intolérant également. Par commodité encore – ne jamais se confronter à la question de l'identité, la sienne et celle des autres, et demeurer dans le confort de l'abstraction d'une France une et indivisible, universelle. J'ai longtemps été de nulle part et je crois pouvoir le dire aujourd'hui : je suis d'ici, de cette terre dont j'aime les femmes et les hommes, l'épaisseur vivante de sa culture, de ses paysages, de sa façon de vivre. Je dois dire que je ne m'y attendais pas.

Une modification donc, un changement, une transformation intérieure qu'accompagne dans un sens, puis dans l'autre, l'évolution des paysages d'abord, la montée ou la descente de mes compagnons de voyage ensuite,

Landais intermittents de la côte, Basques de week-end, praticiens de la semaine de quatre jours et du télétravail. Je règle, je tente de régler, j'esquive parfois aussi dans ce train ce quelque chose d'ambivalent dans mon rapport à la politique, que j'aime et que je déteste dans une parfaite égalité de sentiments. Comme n'importe quel Français je crois, je le dis sans affectation, la politique me fascine autant qu'elle me dégoûte, et je ne cesse d'être pris entre le romantisme de l'action et le désenchantement de l'impuissance. Souvent, le romantisme est à Saint-Sever quand le désenchantement est à Paris. « Mon boulot consiste, je reprends à mon compte Orwell, à réconcilier mes goûts et mes dégoûts instinctifs avec les activités essentiellement publiques, non individuelles, auxquelles cette époque nous contraint tous[1]. »

Il y a, de part et d'autre de ces presque huit cents kilomètres de voie ferrée, deux députés. Des Landes, je gagne Paris et l'Assemblée avec une certaine idée de la fonction. De Paris, je rejoins les Landes avec une autre. Le premier traite des affaires du monde, le second règle les affaires des gens. Le premier se tient en surplomb des passions humaines, l'autre s'y trempe corps et âme. L'un aspire à l'intérêt général, l'autre se frotte aux particuliers. À Paris, le législateur, en circonscription, le médiateur de la République, le défenseur des droits, l'assistant social. À Paris, la voix, à Saint-Sever,

1. George Orwell, *Pourquoi j'écris et autres textes politiques*, Gallimard, « Folio », 2023.

l'oreille. Je suis l'un, puis deviens l'autre. Une modification. C'est là dans cet espace clos et, par la force des choses, dans ce moment d'introspection que j'interroge cet être double et que se révèle à moi ce que j'aurais la tentation d'appeler le « paradoxe du député », comme Diderot parlait du *Paradoxe sur le comédien.* Dans cet hémicycle où tout, précisément, des bancs aux colonnades, jusque dans nos chorégraphies, du « coup du rideau » aux effets de manche, ressemble à un théâtre antique, la relation métaphorique a la force de l'évidence. Le meilleur des comédiens, soutient le philosophe dans ce petit opus, n'est pas celui qui met le plus de sentiment dans son jeu, mais celui qui joue avec méthode, avec raison, avec sang-froid (sens-froid, écrivait-on alors). « C'est le manque absolu de sensibilité qui prépare les acteurs sublimes. » La distanciation, dirait Bertolt Brecht, plutôt que l'identification. Le meilleur des députés est-il celui qui épouse avec une empathie sans filtre les causes des hommes et des femmes de sa circonscription ou celui qui défend sans passion une certaine idée de l'intérêt général, de la nation, de la République, parfois à rebours de l'opinion dominante, parfois contre elle ? Faut-il se mettre à distance ? écrire et voter la loi de « sens-froid » ? Où se plonger dans la vie des autres pour être le plus juste interprète du mandat qu'ils m'ont donné ? Je cherche en réalité sans cesse cette juste distance, y compris à ma propre fonction.

La politique est un voyage en train. J'en ai désormais la conviction, il m'est impossible d'être un législateur de sens-froid sans renoncer, en un sens, à être à la fois moi et moi-député. C'est mon point de réconciliation avec la politique, le point d'achèvement de la modification. C'est bien la vie des femmes et des hommes que je rencontre, leurs corps, leurs visages, leurs peines, leurs blessures, leurs colères et leurs joies, la part d'eux-mêmes qu'ils partagent avec moi, leur député, ce que chacune et chacun d'entre eux ont de singulier ou de commun qui guident et inspirent l'idée que je me fais de la politique, de l'intérêt général, de la République. De la France. Pour dire cette idée qui est la mienne de l'engagement, de la politique, pour surmonter ce « paradoxe du député » dont la dialectique permanente est le moteur, je n'ai rien trouvé de mieux que de les raconter, d'éclairer nos relations, de comprendre comment ces fragments de vie font la grandeur de la fonction… Elles me rappellent chaque jour pour qui je me bats, et chaque voyage en train est pour moi un moment de reconfirmation de mon engagement. Dans le fond, on représente moins les citoyens qu'ils ne nous fabriquent : ce sont eux qui nous construisent et qui font du député ce qu'il est ou devrait être. Je suis à bien des égards aujourd'hui ce qu'ils ont fait de moi, un peu meilleur élu qu'hier, je veux croire.

Je dédie ce livre à ces femmes et à ces hommes. Je leur dis ma dette.

Madame B

On peut dire d'elle qu'elle est une abonnée de la permanence, une multirécidiviste des ennuis, une bonne cliente. Elle pousse, à l'occasion et à l'improviste, ma porte, m'appelle ou m'envoie un message. Elle disparaît, elle réapparaît, on se croise parfois, au même match de basket, à la même fête de village. Elle a ses rituels, je la vois passer chaque vendredi ou presque, sous les fenêtres de mon bureau, traverser la petite place de Verdun derrière l'abbatiale bénédictine de Saint-Sever, tourner à l'angle d'un discret obélisque dont on dit qu'il abrite en son sommet le cœur du général Lamarque, héros des guerres de la Révolution dont les funérailles à Paris furent l'occasion d'une insurrection républicaine réprimée dans le sang que Victor Hugo immortalisera dans *Les Misérables*…

On a les joies qu'on peut quand tout va mal, la leucémie qui n'évolue pas, le cancer stabilisé, la reconnaissance d'invalidité (enfin !), la sortie du surendettement ou de l'interdiction bancaire... Quand le pire n'advient pas, c'est déjà une victoire comme ce jour où mon téléphone sonne après quelques semaines sans nouvelle et qu'elle me dit, dans un grand soupir de soulagement, qu'elle est sortie du coma et que je peux me rassurer. À dire vrai, je n'ai pas eu le temps de m'inquiéter, je n'étais pas au courant de ce nouveau tourment. Mais comment cela est-il possible ? Pourquoi elle, pourquoi encore elle ? Comme si cette chronique d'une vie de poisse ne devait jamais finir. Un ennui chasse l'autre ou plus exactement, j'en suis convaincu, en appelle un autre, comme les maillons inextricables d'une chaîne de malheurs appelés irrémédiablement à s'abattre. Jamais ne paraît s'offrir à elle ce moment de répit entre deux vagues amères dans lesquelles elle se débat pour ne pas se noyer. Mais à cet instant, elle est heureuse et soulagée. Je l'entends à sa voix. Je la taquine gentiment, « ma » miraculée, elle ne m'épargne décidément aucune surprise... Elle va passer bientôt, me dit-elle.

Elle est assise là, à la table qui me sert de bureau au milieu de la permanence, l'air désolé de « venir m'embêter encore », comme si les ennuis étaient vraiment pour moi. Elle se chiffonne un peu les doigts nerveusement et puis s'apaise. Désolée, sans aucun doute, mais visiblement contente de nous revoir, d'être là avec nous. Et nous aussi de la voir, en bonne forme de surcroît. C'est une femme simple et attachante, une femme venue du fond du peuple, comme on dit dans les livres. Elle est indubitablement d'ici avec son joli accent et ces expressions qui n'appartiennent qu'à cette terre gasconne de têtes dures et généreuses. Avec ses vêtements simples, ceux de tous les jours, qui disent un peu de sa vie difficile et modeste, avec ses mots simples, avec ses manières simples. Elle dit les choses sans trier ses mots. Ils arrivent comme cela à sa bouche, sans arrière-pensée, dans un élan de vérité brute. Elle a au coin des yeux un éclair d'espièglerie qui ne s'éteint jamais. C'est la flamme ardente que je guette à peine a-t-elle passé la porte. Je la vois allumée, mais sur son visage parfois la peine le dispute au sourire. Une larme entre deux rires. Jamais longtemps, comme si elle avait décidé que toujours le rire devait avoir le dernier mot.

Elle parle. Elle dit tout. Sans gêne. En confiance. Ici, c'est un confessionnal, avec ses secrets bien gardés, et parfois, en effet, on s'y confesse… Il y a d'ailleurs, si ce n'est dans la confession, dans la confidence qui parfois surgit, quelque chose de vertigineux mais de rassérénant, cette preuve de la confiance construite qui trouve là son sommet. Ça n'a rien d'évident, ça n'a rien d'automatique et j'ai le souvenir de mes premières permanences un peu malhabiles, ne trouvant pas toujours la juste distance ou trop prompt à me faire une idée de l'autre, encombré d'évidences et à tout dire un peu encombré de moi-même aussi, de ma vie, de mon milieu, de mes préjugés. Pas fier, je peux bien le dire maintenant, je suis passé à côté parfois, à côté des gens. Mais j'ai appris et mesuré la dimension ontologique de l'écoute au sens où elle m'apparaît comme une porte à ouvrir sur les autres autant que sur moi. Je l'ai, ainsi, éprouvée au sens étymologique du terme comme une épreuve de moi comme député. J'ai appris à écouter, à aller à la rencontre de l'autre détaché de moi, à chercher la vérité chez autrui, à ne pas juger, à comprendre. Et je sais aujourd'hui quoi faire de tout cela, comme une sève qui nourrit mes combats politiques. J'écoute tout, je prends, j'absorbe, je me nourris. Rien de ce qui se dit dans ma permanence n'est perdu pour les combats que je mène à l'Assemblée. Chaque vie trouve écho dans les lois que je défends ou que je combats, dans les causes que j'épouse ou que je repousse. Derrière chacune de mes prises de parole, il y a des visages, des noms et souvent des cris de misère que je veux faire entendre. Acharné, mais heureux. Chaque semaine, invariablement, le vendredi toute la journée je reçois, comme un médecin de campagne. Cela est si vrai que sur mon gros cahier à spirale, chaque compte rendu de rendez-vous s'achève par une liste de consignes. Plutôt qu'un vulgaire « à faire », mes collaboratrices, taquines, ont préféré un tampon « prescriptions du docteur Vallaud ». Mes (im)patients sont nombreux. Certains ont poussé la porte d'eux-mêmes, d'autres viennent recommandés ou sur les bons conseils d'un proche. Beaucoup m'ont écrit, glissé une lettre dans la poche ou attrapé par la manche dans l'une de ces fêtes de village que j'écume par dizaines, dont la dimension saturnale abolit les hiérarchies et m'affranchit pour un temps de mon encombrante fonction.

On me demande parfois pourquoi je passe autant de temps dans ma circonscription, si je ne peux pas m'abstraire de telle ou telle manifestation, et c'est vrai que cette vie de député grignote par petites bouchées toutes mes autres vies. D'invisibles et indolores petites morsures qui finissent en grosses bouchées arrachées à la famille, aux amis, à moi aussi. Je le sens, je le sais, sans avoir trouvé l'équilibre. L'indulgence de mon épouse qui sait ce qu'est une vie d'engagement, de mes enfants qui ne savent pas, mais qui me pardonnent tout, ou trop, et avec lesquels à force d'absence je ne sais plus toujours quel père être : père fouettard obsédé de Pronote, papa gâteau qui, le bagage rempli de tourtières et merveilles, rapporte un peu des Landes à chaque trajet ou papa coupablement laxiste tant le sentiment m'est grand de manquer à mon rôle. Je dois régler tout cela avant qu'ils ne quittent le nid.

Il paraît que le président Lula aime à dire que si nous avons une langue et deux oreilles, c'est pour écouter plus qu'on ne parle… Alors je l'écoute de mes deux oreilles. « Tu vas m'engueuler : je suis interdite bancaire. » Oui je l'engueule, enfin un peu. Pas une leçon de morale, surtout pas. Pas un jugement. Rien de sentencieux. Surtout ne pas ajouter des bleus aux bleus. Il y a trois mois à peine, c'est de son surendettement qu'on l'a aidée à sortir. Des dettes pas bien grosses en vérité, quelques centaines d'euros. Mais quand la santé éloigne de l'emploi, qu'on n'a que sa force de travail pour vivre et qu'on n'a plus cette force, qu'on est pris dans les courants contraires, la nécessité de travailler pour vivre d'un côté et un corps qui vous en empêche de l'autre, tout est bouts de ficelle, le RSA comme les petits ménages qu'on dégotte çà et là... Ni cerise, ni gâteau, ni beurre, ni épinards.

Nous n'avons pas ménagé notre peine, revenant à l'assaut de la Banque de France pour plaider annulation et étalement ; il faut bien vivre. Par chance, notre interlocuteur a un nom, un visage, on peut lui parler, expliquer. Il répond et il comprend. Un nom et un visage, cela se fait si rare. La dématérialisation et les économies budgétaires ont fait des ravages dans l'administration comme dans tous les grands services publics, qui n'en sont plus tant... Toujours plus d'interlocuteurs, rarement le même, toujours lointains et, le plus souvent, le dialogue de sourds des touches qu'il faut presser sur son téléphone et qui ne comprennent rien à la complexité de situations immanquablement singulières. Une administration trop souvent suspicieuse et cachée derrière des procédures incapables de saisir la contradiction des sentiments qui traversent ceux qui sont accablés par la difficulté, entre honte, colère et désespoir. Un nom et un visage, un agent, un fonctionnaire cela change tout. Nous avons désormais nos aimables et dévoués correspondants qui démêlent l'écheveau. Une sorte d'armée de l'ombre de serviteurs invisibles du bien public, celle qui peuple encore l'État et les collectivités qu'ils n'ont pas choisi de servir par hasard. Notre armée de l'ombre, celle des députés qui prennent leur téléphone et auxquels on répond toujours. Mais combien de Françaises et de Français perdus dans le labyrinthe administratif sans jamais en sortir ? Beaucoup. Beaucoup trop. Car il faut être franc, bien souvent on ne sait à quel formulaire Cerfa se vouer, à quelle administration s'adresser, à quel bureau frapper, à quelle aide ou dispositif prétendre. On n'y comprend rien, ou si peu. Je dis « on », mais l'honnêteté m'oblige à dire que moi, le fonctionnaire, le législateur désormais, je n'y comprends rien. C'est la « maison qui rend fou » d'Astérix et Obélix à la recherche désespérée du formulaire A-38 dans *Les Douze Travaux d'Astérix*. Elle l'a cherché longtemps, son formulaire A-38, pour parvenir à la reconnaissance d'invalidité. Un jeu de piste, un texte à trous, baladée entre Maison des personnes handicapées et Caisse primaire d'assurance-maladie, ne sachant trop si sa maladie, si ses maladies incapacitantes lui ouvraient droit à la reconnaissance du statut de travailleur handicapé ou pas. Ou si elle relevait plutôt de la procédure d'invalidité… La liste des critères et des conditions, dans un cas comme dans l'autre, est longue comme un jour sans pain. De quoi vous décourager avant même d'avoir commencé. Et pour ce qui est du bénéfice d'une éventuelle pension d'invalidité, mieux vaut s'armer de patience. Il y a là un nœud qu'il nous faut couper pour redonner la vue à un golem administratif devenu aveugle à la vie réelle à force de complexité et qui fabrique à la chaîne des Daniel Blake désespérés. J'adore ce film de Ken Loach[1] qui dit avec une tragique simplicité l'absurdité des choses : l'histoire d'un charpentier qui fait une crise cardiaque et auquel son

1. *Moi, Daniel Blake*, 2016.

médecin enjoint de cesser de travailler, tandis que l'administration du travail le contraint à reprendre au plus vite un emploi s'il ne veut pas perdre ses allocations... Et la mort au bout, pour tout juge de ces injonctions contradictoires. Il faut partir des vies vécues et de l'expérience des fonctionnaires de terrain pour rebâtir un service public à visage humain, c'est-à-dire avec de l'humain dedans. La vérité brute, c'est que tout cela est une violence qui nourrit le ressentiment de beaucoup. Comment croire que ces politiques publiques sont faites pour les gens tant, inaccessibles, elles paraissent conçues pour d'autres, à moins que ça ne soit pour personne ?

J'essaie de comprendre le dossier qu'elle me tend. Fatras de courriers et de relevés de comptes. Un chèque de vingt euros sans provision, le grain de sable qui grippe la machine. Vingt euros, deux paquets de cigarettes... C'est quoi ces vingt euros ? « C'est une prime pour la course landaise, je te dis que tu vas m'engueuler. » C'est une tradition, verser une prime au comité des fêtes ou au club taurin qui organise la compétition sportive, car la course landaise n'est pas qu'une pratique pluriséculaire qui réclame courage, grâce et agilité, c'est un sport avec sa fédération, ses compétitions, son championnat de France. Je le dis avec la même précision scientifique que lorsque le déontologue de l'Assemblée, contrôlant mes dépenses, s'était ému de découvrir cette pratique locale non identifiée. Il faut bien avouer que la course landaise est, comme son nom l'indique, assez étroitement landaise bien que l'histoire retienne qu'elle fit le tour de France, jusqu'à Paris et Lyon. C'est un rite, s'y rendre en famille, y retrouver les voisins, les amis, le village dans un moment de fraternité vraie. Mêler sa voix à celle des autres, chanter et battre des mains au rythme de la foule. Pas de hiérarchie dans les gradins, il y a là côte à côte le notaire et l'éleveur de canards, l'instituteur et le gendarme, l'ouvrier et le patron, le maire et le curé, comme Peppone et Don Camillo. Dans les Landes, on cultive comme on le peut la mixité sociale. Ce n'est pas un vain mot mais une réalité concrète, de l'école à la maison de retraite. Ici pas d'Ehpad privé à but lucratif ! On grandit ensemble, on vit ensemble, on vieillit ensemble. Un choix politique.

Vingt euros donc qu'elle n'a pas. Vingt euros dépensés dans une fête de village. Du velours pour les contempteurs de l'assistanat. Je les entends et je les vois déjà lever leurs petits poings vengeurs… Je les ai à portée de mépris dans l'hémicycle, la vulgate droitière. J'hésite, l'engueuler un peu quand même, elle déconne. Lui conseiller d'aller voir une conseillère en économie sociale et familiale pour apprendre à gérer son budget. Elle n'est ni idiote ni inconséquente. Tant s'en faut. Ces vingt euros, elle n'a jamais pensé les avoir sur son compte. Elle sait. Mais voilà, tout le monde y va de sa prime. C'est la fête, la sienne, celle de ses voisins, de ses amis, de sa famille. C'est la fête de son village depuis l'enfance. Son nom sera prononcé au micro par l'intarissable commentateur de la course au milieu de ceux de tant d'autres, il ne faut pas manquer au rituel. Il faut être de la fête, dans la fête et dans la vie. Car c'est bien de cela qu'il s'agit, être dans la vie malgré tout, cette vie qui ne fait pas de cadeau, au milieu des autres et comme les autres. Vivre, ça n'est pas seulement se nourrir, se loger ou se soigner. Vivre, c'est être dans la vie. Vingt euros, c'est ce jour-là le prix d'un désir éperdu de vivre. Je les vois à chacune des fêtes de village où je me rends. Nous les voyons tous. Ils sont là pour l'apéro, jet 27, bière pression ou Ricard à deux euros avec les copains. Ça discute, ça plaisante, ça chambre à la moindre occasion, et puis ça a toujours quelque chose à faire au moment du repas. Pas La Tour d'argent, le repas, mais quinze euros tout de même. Mais qui peut bien avoir quelque chose à faire un soir de week-end, un soir de fête patronale, de mieux que de rester avec les copains ? En vérité, personne. Mais quand on n'a pas le sou, c'est plus facile de prétendre qu'on a quelque chose à faire. Mais c'est une blessure quand même. Une humiliation discrète qui laisse le cœur lourd et chagrin. « Tu dis rien à mon drôle. » Non, je ne dirai rien à son fils, un garçon travailleur et généreux de lui-même, impliqué dans la vie associative locale. Promis, je garderai pour moi la confession, et comme il n'y a rien à pardonner, vivre n'est pas un péché, je ne demanderai pas d'indulgence. C'est déjà dur d'avoir des difficultés, mais c'est plus dur encore de devoir les garder pour soi. Par pudeur ou par honte, je ne saurais dire. Un peu des deux sans doute, on garde pour soi les fins de mois difficiles, la débrouille et les embrouilles. C'est personnel, intime, indicible même à ses proches. Sauf que ça n'a plus rien d'un problème personnel quand défilent les mêmes histoires dans ma permanence, que se répètent les mêmes difficultés. C'est un problème collectif et c'est une question politique et sociale. Je l'ai senti confusément sur les ronds-points occupés des Gilets jaunes, sans parvenir sur le moment tout à fait à trouver les mots, ni à bien comprendre. Chacun y parlait de ses difficultés, du travail qui ne paie pas – quand on en a un –, du portefeuille qui se vide et des factures qui s'accumulent, des services publics qui reculent et du sentiment d'abandon, des fins de mois qui surgissent de plus en plus tôt… Chacun parlait à voix haute et à visage découvert de ses problèmes, et ils étaient aussi ceux des autres. De tant d'autres. L'air semblait plus léger alors. La honte avait changé de camp. Pour un temps au moins.

INTERMÈDE 1

Il y a indéniablement un je-ne-sais-quoi de rassurant dans la routine, l'ordinaire, les usages répétés de façon presque mécanique. Il y a dans l'habitude quelque chose d'un rapport au temps qui me plaît. Une façon peut-être de ne pas lui courir après. En voici une.

Il entre dans la permanence avec simplicité. Comme un courant d'air, il glisse une tête, une épaule, un pied et bientôt le voilà tout entier au milieu de nous avec sa chemise sortie du pantalon, ses yeux pleins de bonté et ses cheveux légèrement hirsutes. Peu importe que nous soyons seuls ou en rendez-vous, affairés ou disponibles, ouverts ou fermés, il pousse la porte, ignorant sans malice des usages et de leurs raffinements. Il est ainsi, sans façon.

Invariablement les mêmes mots, les mêmes gestes et les mêmes attentions. Ausculter le triste strelitzia de notre entrée, qui n'a d'oiseau de paradis que le nom,

s'enquérir du moral des « filles » qu'il complimente pour leur travail aussi bien que pour leurs tenues, « Vous êtes très belles ! », avant de nous demander, un brin cérémonieux, fronçant légèrement le sourcil, si nous avons besoin de quelque chose car il va faire des courses. « Vous avez besoin de quelque chose ? Boris, vous êtes sûr ? Vous savez que vous pouvez me demander ! » En général, nous n'avons besoin de rien, ce qui ne l'empêche pas d'insister, soucieux qu'aucune gêne d'aucune sorte ne vienne nous faire refuser son offre de service. « Ça ne me gêne pas, sinon je ne vous le proposerais pas. » Il disparaît tel qu'il est apparu.
Il est généreux, il est sympathique, il est attachant. Nous ne savons pas grand-chose de lui, si ce n'est qu'il est notre voisin, qu'il a la main verte, qu'il fait souvent des courses et qu'il allume à l'église de l'abbatiale voisine des cierges pour nous. Il ne nous a jamais rien demandé pour lui-même, il a juste l'habitude et le plaisir simple de passer nous voir. Ce plaisir est devenu le nôtre.

La ferme des animaux

Il ne pensait pas que je viendrais, ou pas si tôt – 5 heures. La nuit est encore là, fraîche et piquante aux joues. Une ampoule suspendue à un fil vient au secours de la lune et des étoiles qu'on aperçoit au travers des lucarnes empoussiérées de la sombre étable, à quelques mètres de la route communale et de l'entrée du hameau. C'est un rituel presque aussi réglé que celui de la permanence, aller à la rencontre des habitants, chez eux, que ce soit mon tour de demander rendez-vous, de pousser une porte, de m'asseoir à une table qui n'est pas la mienne, de me présenter aussi.

Cent quatre-vingt-quatre communes. Je le dis avec un peu d'orgueil, je suis un élu de la campagne, je ne cesse jamais de la parcourir sans jamais totalement l'apprivoiser. Un élu de la campagne, avec ce sentiment, vécu par celles et ceux qui y vivent, que les campagnes sont des territoires oubliés, parfois invisibilisés, éprouvant plus que d'autres l'éloignement des services publics, les mutations sociodémographiques, la concurrence des grandes villes et la centralisation du pouvoir qui l'accompagne, l'impératif écologique, ressenti parfois comme une injonction à géométrie variable, mais aussi comme une forme, disons-le, de mépris culturel. Je suis dès lors un élu de la campagne qui réfute de toutes ses forces l'idée selon laquelle la campagne serait une périphérie. Elle n'est ni la part maudite d'un prétendu archipel français à la dérive, ni le miroir inversé de la modernité. Elle est un monde au cœur des grands défis de l'époque : nourrir la planète, penser le vivant, développer les énergies renouvelables, accomplir la transition écologique de nos modes de vie, pour ne citer que ceux-là. C'est là aussi que se pense le rapport à la mondialisation, sur fond de remise en question des accords de libre-échange, que l'on critique le paradigme productiviste et d'abord de l'agriculture, que l'on interroge l'usage de l'eau ou le partage des terres, que l'on pense en termes de biens communs certaines ressources contre leur accaparement, c'est-à-dire aussi notre rapport au monde marchand et au libéralisme. Alors, c'est vrai, nous nous sentons parfois bien éloignés de certains débats nationaux, le wokisme, l'abaya, la théorie du genre, le grand remplacement, etc., même si tout cela, par le truchement des médias, percute aussi les consciences et pas toujours de la meilleure des manières. La ruralité n'est pas une nostalgie, même si je perçois souvent l'ambivalence des sentiments face à la modernité, la résistance au changement, les fractures aussi qui traversent les débats ici comme ailleurs.

Elle est un avenir qui se construit avec celles et ceux qui y vivent. C'est ce dont me convainc chacune de mes rencontres, chacun de mes déplacements, comme ce matin. Je n'aurais pas voulu être député ailleurs qu'ici.

Il semble aussi surpris que moi de cette rencontre. Surpris et amusé, qui me regarde de haut en bas avec un sourire contenu, mais que je devine. J'ai bien les bottes qu'il m'avait conseillé de prendre et que je laisse en permanence dans le coffre de ma voiture ; pour le reste, pas de doute, rien ne colle au décor… Ma tête de premier de la classe, sans doute, dont la seule véritable indiscipline est la coiffure ébouriffée, et encore, bien malgré moi… Bonnet sur le front, chaussé de caoutchouc, il porte une blouse verte de chantier qui n'en est manifestement pas à son premier jour de travail, élimée aux genoux, la fermeture Éclair sur le torse ne ferme plus. « Bienvenue à la ferme familiale. » Une poignée de main franche, un sourire, un peu de gêne aussi, de son côté comme du mien. Nous ne nous connaissons pas et il y a dans l'air qui flotte cette frontière invisible qui s'impose à nous. C'est bien le député qui est ici chez lui, et dans ces campagnes, où pas une fête patronale ne débute sans un hommage au monument aux morts, pas une course landaise sans un défilé musical précédé du drapeau tricolore, c'est encore quelque chose. Comment se parler ? Il est économe de mots, enfin au début. Chacun s'observe avec un peu de circonspection. Alors on s'apprivoise de phrases badines sur le temps qu'il fait, sur l'heure matinale.

« Je suis un petit paysan », me dit-il en s'en excusant, comme si je m'attendais à autre chose, plus habitué, pense-t-il peut-être, aux « gros agriculteurs ». Deux mots, deux mondes… Il est éleveur de veaux sous la mère, de veaux de lait dont il faut chaque matin et chaque soir assurer la tétée. Un labeur exigeant, qui ne laisse aucun répit, aucun repos et jamais de vacances. Enfin si, une semaine par an. Des voisins dévoués et précieux. Il guide les petits veaux aux pis de leur mère, des blondes d'Aquitaine et quelques normandes, avec maintes attentions, prévenant avec les plus jeunes et précautionneux avec tous. Il y a dans ses gestes de la tendresse et l'amour du travail bien fait. Quelque chose d'immuable et de rassurant. De la passion et de la fierté aussi quand il regarde, les mains sur les hanches, le calme retrouvé de l'étable. Il aime ses bêtes et tout le dit, ses gestes, sa voix, ses yeux. Elles ont chacune un nom et pas une ne ressemble à l'autre. Il y a quelques années encore, lorsqu'une tête était vendue au boucher du village, pendant un mois plein, il n'y achetait pas de viande… Et c'est presque à voix basse, comme de peur d'être compris, qu'il me parle de la tuberculose bovine qui a emporté son cheptel. La faute aux blaireaux… Implacable réglementation et redoutable efficacité des services vétérinaires. Les bêtes abattues, son propre abattement, l'envie de tout arrêter… Et puis finalement se retrousser les manches plutôt que de baisser les bras ; tout recommencer. Une cicatrice de paysan comme on en voit beaucoup dans nos campagnes. C'est dur d'être paysan.

J'ai vu de grands gaillards, dans ce pays de rugby, baisser la tête, étrangler un sanglot et serrer les poings. La grippe aviaire était passée par là, le gel ou la calamité agricole avec son cortège de blessures à l'âme et de dégâts aux cultures pour celles et ceux qui vivent au rythme de la nature et connaissent pourtant mieux que quiconque ses aléas et ses caprices. La désolation devant des bâtiments d'élevage vides et silencieux, des vignes infertiles flétries par le gel ou des maïs hachés par la grêle… Quelque chose de Sisyphe ou d'un barrage contre le Pacifique parfois. Quelque chose d'une immuable communauté de destin entre l'homme et la bête, entre l'homme et la terre.

Il y a là aussi son père, une fourche à la main, une belle moustache blanche et « lou beret », le béret, dernier rempart entre le ciel et la tête, enfoncé jusqu'aux yeux. Me reviennent en tête les documentaires émouvants et sensibles de Raymond Depardon. J'y suis. La même lumière, les mêmes silences. À en croire le rythme auquel il paille les stabulations et distribue le fourrage, il n'a pas l'âge de ses vieux os ; 84 ans. Pas là pour la bagatelle, le geste est sûr, la cadence soutenue. Des bras en plus, des bras gratuits sans lesquels il serait difficile de faire tout ce que les bêtes réclament d'attention. Trop juste pour embaucher un salarié, alors chaque matin il est là avec son fils, comme son père avant lui. Sans mot et sans reproche. Un jour sans fin. Une vie sans fin. Être là parce que c'est là qu'il doit être. Et puis à quoi bon la retraite, surtout à cinq cent cinquante euros de pension après une vie de bête de somme ?

« Je saurais pas faire sans lui », me dit-il dans un soupir qui dit l'ambivalence des sentiments : devoir compter sur son vieux père autant que devoir compter avec lui. Car il est là, le vieux père, témoin silencieux des difficultés du fils, ce patriarche qui a transmis sans tout à fait transmettre... Succéder au père : plus un devoir qu'un rêve d'enfance ou une révélation de l'âge adulte. Les rêves étaient ailleurs, mais il est parfois des destins qui s'écrivent sans vous. Il s'en accommode et il est aujourd'hui tout entier à son métier de paysan. Pas le temps, ni les moyens, de bovaryser d'ailleurs, et si la passion ne nourrit pas son homme, elle donne sens à cette tâche exigeante et noble de nourrir femmes et hommes depuis la nuit des temps.

Voilà l'aube qui se lève et avec elle le silence hululant de la nuit. La tétée s'achève. Ce soir, un peu avant le soir, il faudra recommencer. « On va prendre le casse-croûte. » La demeure familiale, de pierres, de colombages et de torchis, est de l'autre côté de la route, encore enveloppée de cette brume qui bientôt va se lever. À droite, sur la table de la salle à manger fume déjà le café. Il y a des croissants, du pastis landais et une copieuse assiette de charcuterie. On se croirait chez Lucullus ! Deux générations de femmes ont pris soin de nous accueillir de la meilleure des façons dans ce pays de joyeuses bombances. Il fait chaud et nous voilà bien. Des visages d'enfants, tout juste tirés du sommeil, un peu timides, un peu curieux, se profilent dans l'encoignure de la porte. C'est jour d'école. Le car scolaire passe.

Plus prolixe désormais, notre paysan. Ces premières heures ont permis de nous apprivoiser. Le cœur s'ouvre. « Vous réalisez que vous travaillez à perte, que vous faites tout ça pour rien. » Des bêtes et des dettes... Une histoire si souvent entendue. Ne pas même vivre d'un travail acharné, pris dans l'étau impitoyable de la grande distribution ou des géants de l'agroalimentaire, dans la spirale folle de la baisse des prix exigée par les consommateurs et dans l'impasse de la mondialisation déloyale. On a convoqué à Bercy plus souvent qu'à notre tour cette grande distribution drapée dans sa prétendue défense du pouvoir d'achat des Français ; on a légiféré plus souvent encore, et pourtant... Combien de fois n'ai-je été interpellé sur l'inéquitable partage de la valeur ajoutée, sur les conséquences catastrophiques pour les éleveurs de la fin des quotas laitiers, sur ces produits agricoles que l'on continue d'importer alors qu'ils sont traités avec des pesticides interdits en France, ou encore sur les prix constatés à l'étal de grandes enseignes plus bas que les prix de revient ? Les prix bas coûtent cher aux paysans. Ils coûtent cher aussi aux femmes et aux hommes que j'ai croisés dans certains abattoirs ou dans certaines entreprises de l'agroalimentaire. J'y ai vu des hommes et des femmes dans le bruit et le froid, les corps maltraités pour des salaires de misère... J'ai été, comme chacun, révolté souvent par les images insoutenables d'animaux maltraités révélées à intervalles réguliers par les ONG. Mais derrière cette souffrance animale, j'ai vu aussi beaucoup de souffrance humaine… et le prix de ce qu'on ne veut pas payer. Aujourd'hui, il vend ses bêtes à un négociant et la vérité, c'est qu'il n'y a le plus souvent rien à négocier.

Les doutes, le sentiment inextinguible d'injustice, la colère, la détresse, la dépression… et cette phrase comme un aveu : « La seule chose qui vous fait rester là, c'est la famille. Quand vous n'avez pas ça, vous comprenez pourquoi les agriculteurs font partie des premiers suicidaires de France. » Ses yeux au fond de la tasse de café. Je le regarde dans ce moment de courage. Il se livre devant sa mère adorée et son épouse chérie, bientôt devant son frère qui me dira quelques jours plus tard que jamais il ne l'avait entendu exprimer une telle souffrance. Il se délivre d'un fardeau gardé au fond de lui. Un homme « tout écrasé par dedans », une formule que j'emprunte à Dostoïevski, mais qui dit bien la chose en cet instant. Le silence pour ne pas inquiéter sa femme, pour protéger ses enfants, pour rendre fiers ses parents… Voilà c'est lâché, il parle de lui. Je l'écoute. Il parle de tous les autres : ceux qui ont franchi le pas. Un agriculteur s'est donné la mort aujourd'hui en France ; un agriculteur s'est donné la mort hier ; un autre se la donnera demain. Comme le bruit du tic-tac, ce sont les chiffres accablants et sinistres de la Mutualité sociale agricole. *Au nom de la terre*, *Petit paysan*, *Le Milieu de l'horizon*, *Cyrille*… nos écrans noirs ne manquent pas de leurs nuits blanches peuplées de l'inquiétude du lendemain.

De ces drames ruraux ordinaires accomplis en silence. J'en ai par sa voix l'ombre sous les yeux.

Midi vient sans se faire attendre. Nous marchons dans les coteaux de Chalosse au milieu des quelques vignes qui viennent parfois arrondir les fins de mois. Il me parle de la Cuma dont il est administrateur, du conseil municipal dont il est membre et du syndicat tout-puissant, comprendre la FDSEA… Son regard parcourt l'horizon ; il désigne de la main les fermes qui n'ont pas été reprises.

« Là, là, là… On n'est plus que trois sur la commune, on était onze il y a vingt ans. » Et puis ce sentiment confus qui se révèle à lui-même d'être l'un des derniers représentants d'une civilisation disparue. Ses hésitations face au progrès, ses craintes face à l'avenir, ses incompréhensions face aux demandes nouvelles de la société. Ce sentiment même d'être assiégé autant qu'il est assigné. Les néoruraux, les écolos, l'agribashing… un sentiment de mépris pour ce qu'il est et pour ce qu'il aime : la chasse, le gascon, le béret, les traditions, les quilles de 9… « On a le droit de vivre ! » C'est la terre qui cultive l'homme. Un monde qui change sans lui… Elle est là, dans le vertige sentimental qu'il exprime, la fin de la civilisation paysanne. La fin des paysans, la prophétie réalisée d'Henri Mandras : « Le dernier combat de la société industrielle contre le dernier carré de la civilisation traditionnelle. » « On n'est plus que trois… », un constat pétri d'angoisse existentielle. À qui le tour ? Je perçois pourtant l'ambivalence du moment dans cette phrase simple qu'il assène pour m'expliquer qu'il taille la vigne à nouveau comme son père avant lui : « On n'a rien inventé. » Respect des sols, des essences, des animaux, des arbres et des taillis. Le retour des pratiques culturales ancestrales, comme une revanche sur l'agriculture productiviste. Circuits courts et qualité… Et si le paysan était l'avenir de l'agriculteur ? lui demandé-je. Il sourit.

Nous voilà chez son frère et sa belle-sœur pour un déjeuner qui n'a rien d'ordinaire. Généreux et chaleureux, ces deux-là ont l'air doués pour le bonheur. On a mis les petits plats dans les grands. La table, dressée avec goût, est richement décorée. Les noms joliment calligraphiés sur de petits cartons pincés à nos serviettes. La plus belle vaisselle, les verres de cristal, le trousseau brodé, comme autrefois, ont été sortis pour l'occasion. Le vin est bon, les mets se succèdent mijotés avec amour depuis la veille et le dessert vient du meilleur pâtissier du canton. Ça sent bon. Ça sent comme chez ma grand-tante, quand, petit, je soulevais le couvercle des marmites patientes qui n'attendaient que nous. Dans la cheminée, un feu. Atmosphère familière et réconfortante… La cuisinière du jour derrière ses petites lunettes était institutrice et d'une certaine manière, des années après, elle le demeure aux cœurs de beaucoup. Pas un dans le village qui ne l'appelle encore « maîtresse », les mains dans le dos, avec ce qu'il faut de cette déférence respectueuse, affectueuse et reconnaissante. Elle se souvient de tous et ils le savent. Elle m'écoute maintenant sans parler, assise à côté de moi. Me regardant de tout leurs yeux, assis autour de moi dans le salon, j'y fais entrer un peu de l'Assemblée nationale et de son mystère. Alors je raconte la petite histoire, la grande aussi. Les anecdotes sont ponctuées d'interjections gasconnes qui disent autant la surprise que l'impatience d'en savoir plus. La frontière invisible s'est évaporée. Chacun le sent, mais c'est notre institutrice qui le formule avec contentement, alors que tard dans l'après-midi s'achève le déjeuner. Un souffle de soulagement d'une touchante simplicité : « J'étais stressée toute la semaine, j'en ai pas dormi. » Rires. « Moi non plus. »

« Boris » a pris la place du cérémonieux « monsieur le député ».

INTERMÈDE 2

« *Inch Allah*, comme on dit en Chalosse orientale ! », une façon de s'excuser avec humour d'être l'Arabe du village. Difficile de le cacher. Pas vraiment une tête de Suédois, avec son teint mat et ses cheveux noirs ondulés, pas non plus l'allure d'un ténébreux Andalou, il n'a rien de sombre avec ce sourire plus grand que le visage, mais l'accent landais, comme un bouquet à chaque mot, lui plante les deux pieds dans la terre d'ici. « *Dis wallah, hilh de pute* », un espéranto arabo-gascon du meilleur effet. Se moquer de soi avant que les autres se moquent de vous… Le quolibet qui banalise, le bon mot qui dédramatise. Mettre les rieurs de son côté. Faire l'expérience aussi de la contradiction des préjugés. Il est quand même sympa cet Arabe. Et puis il a indéniablement un « truc » en plus. Une aura. Il n'est pas comme les autres jeunes. Il agace parfois. Il fascine souvent. C'est celui qu'on remarque. Un chef de bande

ou plutôt un chef d'équipe. Il rêve en grand, il rêve à plusieurs, il rêve pour plusieurs. Il dessine l'horizon derrière les frontières invisibles. Celles des mondes qui ne sont pas les vôtres. Il les franchit sans les voir et en apprend les langues. Il pousse les autres à les franchir et à s'affranchir. Il avance, on le suit.
Intelligent et idéaliste. Il n'a rien à régler, pas de revanche à prendre. Pas de névrose de classe ou de vertige des origines. Il est d'ici et d'ailleurs. D'ici surtout. De Chalosse orientale… Le bled au milieu du village. Pour lui, ni *Retour à Reims* – il n'a jamais quitté sa vie, même lorsque ses études le tenaient loin des Landes –, ni insurrection contre ses parents, son enfance ou son milieu. Il a l'audace heureuse et le cœur large. Il prend la vie du meilleur des côtés : « Sous les magrets, la plage. »

Cette prison a une porte ouverte

Quand elle décroche son téléphone, je sais déjà, et c'est un long silence qui accueille mon « Bonsoir A…, c'est Boris Vallaud. » Elle se confond en remerciements et en excuses. Elle cherche les mots pour le dire – sa peine immense doublée d'un étouffant sentiment de culpabilité qui, à cet instant, lui serre le cou comme deux mains posées sur sa gorge. Je l'entends dans sa voix légèrement cendrée. « Ça a été très violent », me dit-elle. Les coups, les cris, les larmes. Beaucoup d'amour aussi pour ce fils pas tout à fait comme les autres dont elle me parle les yeux humides et les mots tendres. Il me paraît le connaître un peu. Un brave garçon, un grand garçon, un beau garçon. Tout de tics et de tocs. Fort et affectueux. Adulte et enfant. Unique et spécial. Silencieux aussi. Irrémédiablement emprisonné en lui-même.

Tout s'est passé en un éclair, à peine sorti de l'Institut médico-éducatif de Saint-Pierre-du-Mont, petite ville aux confins de Mont-de-Marsan où tout est quiétude, comme si les ennuis jamais n'y entraient. « Venez le chercher, il ne va pas bien », lui a-t-on dit dans un appel sibyllin. Alors elle est là, comme chaque fois qu'il a besoin d'elle, ce grand et tendre malhabile, avec son corps un peu gourd et dégingandé, comme chaque fois que ça ne va pas. Et ça ne va pas. Lorsqu'il monte dans la voiture, ses gestes le disent sans fard, l'angoisse déjà couve. Bientôt la panique, qui se mêle soudain à la rage. Une irruption de colère, comme une lave qui gronde et qui grossit. À l'entrée du village dont elle est l'élue, le long de la route départementale, à portée de maison et à portée de voisins, il fuit sans préavis et sans but hors de la voiture. Les appels à la raison, obstinément sourde. Les mots bleus – *T'en fais pas, j'suis là,* comme dit le film poignant de Pierre Isoard, les gestes affectueux. En vain. Pluie de coups sans haine et sans conscience. Griffures et morsures. Gens qui s'interposent. Pompiers aussi appelés à l'aide. La peine et la culpabilité. « Ça n'est pas un enfant violent… » Tout ça, elle me le dit entre deux sanglots sans reprendre souffle et j'ai le cœur serré.

Nous nous sommes quittés quelques heures plus tôt. Un inextinguible sourire aux lèvres illuminait son visage. Là, au milieu des pins et des chênes, dans l'odeur des fougères et la douce chaleur d'une après-midi d'automne landais, derrière l'ancienne gendarmerie qui bientôt accueillera des logements, elle avait dessiné le rêve silencieux de son fils.

Le temps avait suspendu son vol. Vivre dans cette maison aux peintures défraîchies, encore colonisée de poussière et d'herbes folles, dont nous venions de pousser la porte avec d'autres mamans. Vivre, comme tout le monde, en dépit du handicap, en dépit de l'autisme. Vivre comme vivent les jeunes adultes, avec ce désir d'autonomie qui grandit au cœur. Vivre et s'inventer un avenir malgré tout. Se faire une vie d'homme. Pour le moment, bien sûr, tout est à imaginer, mais l'imagination vagabonde, en liberté et à voix haute. Là, il y aura la grande et belle pièce commune, et ici la cuisine. Quatre jeunes adultes handicapés, quatre chambres qu'on aménage déjà d'un geste : ici un lit, là une commode, un fauteuil…, et puis, ici, encore une cinquième pour un éducateur, la nuit. Les rêves peuplent déjà les pièces, les voix et les rires de demain s'y font déjà entendre. « Ils seront bien ici. » Avec les familles, avec ma collaboratrice à côté de laquelle je siège au conseil départemental, grâce à elle surtout, élue d'un petit village, nous avons œuvré à transformer le rêve en réalité. J'aime par-dessus tout mettre les mains dans le cambouis, trouver des solutions, entreprendre. C'est souvent le privilège des élus locaux de faire, c'est ce qui me manque comme député, c'est aussi ce qui m'a manqué à l'Élysée où ma carrière m'a conduit comme secrétaire général adjoint, paradoxalement, au centre de tout et pourtant loin de tous. Le confinement avant le confinement. C'est aussi ce qui m'a déterminé à devenir moi-même élu local, conseiller départemental d'un canton dont le seul nom est une promesse : Adour-Armagnac… Pour surmonter aussi cet impensé, la place du député et du Parlement du non-cumul dans les territoires. Mais pour l'heure, les sourires s'échangent par bouquets et je prends ma part de bonheur simple de ce moment heureux dont je suis le témoin.

Beaucoup reste à faire mais déjà, sous la terre, germe la graine de cet « habitat partagé », comme il est convenu de l'appeler, dont les mères ont imaginé le projet depuis de longs mois déjà. Pour beaucoup d'enfants, une fois adultes, après l'institut médico-éducatif il n'y a pas d'après. Pas de structures, ou alors si peu. Alors elles l'inventent et rêvent en grand. Il va falloir convaincre, surmonter les obstacles, bousculer les habitudes. Trouver des soutiens et vaincre les sceptiques qui peuplent le monde dans lequel elles se débattent depuis si longtemps déjà. Il va falloir se battre. Une bataille de plus pour ces mères qui ont déjà fait toutes les guerres de la vie. Oui des mères pour l'essentiel, quelques pères aussi quand ceux-là n'ont pas démissionné ou n'ont pas fui. Les couples les plus soudés, et même les cœurs siamois, n'y résistent pas toujours… « Ma vie de femme est mise entre parenthèses », m'a un jour écrit une maman. « Le handicap ça isole », m'avait-elle dit dans une confidence désenchantée. Ça isole jusque de soi-même. L'attention à l'autre jusqu'à inattention à soi. Ça isole et ça esseule.

J'essaie de faire mémoire de toutes ces vies labyrinthiques qui trouvent parfois le chemin de ma permanence. On y écoute un peu mieux qu'ailleurs, nous dit-on. Alors je les écoute et je plonge dans l'inconnu de la vie des autres, porté de confidence en confidence avec le sentiment, parfois, de l'effraction... Elle m'a raconté la sienne. Parfois. Un peu. Par morceaux. Des vies semblables et différentes qui se racontent avec une sidérante force d'âme.

Le refus de l'évidence, « son frère n'a marché qu'à 3 ans », « son oncle a parlé tard ». Les mots rassurants que l'on se dit à soi-même et qui ne rassurent pas, ou de moins en moins. L'affût obsessionnel du moindre signe qui viendrait contredire ce que l'on refuse de voir. « Il est si beau notre bébé. » Différent aussi. Les longs silences, les réveils fréquents et bruyants qui hachent les nuits, les gesticulations maladroites répétées mille fois et mille fois encore, les crises qui surviennent sans crier gare...

Le dernier mot à la vérité crue et têtue. Comme une ombre géante. Un verdict assourdissant qu'il n'y a jamais de bonne façon d'annoncer à une mère. Comme un coup de poing dans le ventre. Le souffle coupé par la sidération. La tête dans les mains. Jetée au seuil d'un monde inconnu et terrifiant où tout est mystère. Le besoin de comprendre, la recherche éperdue d'explications.

Les questions. Les questions sans réponse. « Pourquoi moi ? Pourquoi lui ? » Ce besoin d'avoir une raison même quand il n'y en a pas. D'établir des responsabilités même quand il n'y en a aucune. De chercher la faute, surtout la sienne. La faute pour avoir le droit de souffrir. La faute pour donner un sens à sa souffrance... Pas facile de se dire à soi-même : « Ça n'est pas ma faute. » Et derrière la peur qui vous saisit tout entière, le « deuil de la vie normale ». Oui, le deuil. Deuil du langage, deuil de la marche, deuil de l'école… Tout ce qu'on avait prévu, ou rêvé, toutes ces notes pour plus tard qui deviennent des « notes pour trop tard », comme dit la chanson d'Orelsan.

« Être mère », vertigineuse question posée à tout parent. Être une « bonne mère » ? Insoutenable question quand tout est incertitudes, hésitations, apprentissages toujours recommencés, inconnues et peur de mal faire. Peur de ne pas être à la hauteur, de ne pas bien agir, de ne pas faire assez, de ne pas assez aimer aussi. Où de mal aimer, surtout. Comme s'il y avait une seule façon d'aimer… Je crois pouvoir dire pourtant n'avoir jamais vu si bien aimer que ces parents dont les enfants, plus que tout autre, vivent d'amour et de tendresse. Oui, jamais vu si bien aimer, si intensément aimer, ces enfants ; jamais vu si solide l'invisible cordon ombilical de l'amour maternel. Des jambes pour celui sous le corps duquel elles se dérobent, des bras quand ceux-là demeurent malhabiles, des lèvres pour dire les mots qui ne sortent pas. Des yeux, des regards, des sourires comme un langage qui n'appartiennent qu'à eux, des cœurs qui battent au même rythme. C'est rare, c'est beau, c'est émouvant.

J'ai le souvenir d'avoir entendu Philippe Croizon, en conférence dans un petit village, raconter sa traversée héroïque de la Manche à la nage, sans bras et sans jambe, et ce sentiment devant son exploit, son courage, sa détermination, qu'il n'est pas de frontières qui ne se repoussent, de chemins de traverse qui ne s'inventent, de murailles qui ne se percent. Devant ces parents, j'ai souvent eu ce sentiment aussi qu'ils sont d'opiniâtres passe-murailles.

Choisir la vie. Bien sûr, j'ai vu dans ma permanence le désespoir, les pleurs, l'épuisement, des vies à bout de souffle. Les limites qu'on atteint et le sentiment de culpabilité, encore, qui submerge celles qui n'en peuvent plus – « Je le vis comme une forme de lâcheté, d'abandon », me dit un jour l'une d'elles. J'ai parfois craint l'irrémédiable.

Il faut dire que j'ai vu souvent la vie dure rendue plus dure encore par l'impossibilité d'obtenir un rendez-vous chez le médecin, par le manque d'orthophonistes, de neuropédiatres ou de psychomotriciens. Les prises en charge incomplètes et les prises en charge interrompues qui sont autant de pas en arrière. J'ai vu la vie dure rendue plus dure encore par la multiplicité des interlocuteurs et des dispositifs, comme un labyrinthe d'acronymes et d'acrimonies. J'ai vu la vie dure rendue plus dure encore par l'insuffisance des aides sociales, j'ai vu les repas associatifs, les lotos et les trails pour gagner quelques euros pour acheter un fauteuil électrique, et ces parents contraints à la débrouille quand vient à faire défaut la solidarité nationale. J'ai vu la vie dure rendue plus dure encore par les démarches incessantes qu'il faut accomplir, comme ce jour où il fallut à mes collaboratrices une matinée entière pour remplir les vingt-quatre pages du dossier de demande unique d'aide au handicap de cette jeune maman au désespoir de devoir rédiger en une page le « projet de vie de l'enfant ». Vingt-quatre pages de Cerfa, vingt-quatre pages d'humiliation et de violence, et toutes les raisons de renoncer à faire valoir ses droits… Ce jour-là, l'élu de la République a eu le cœur révolté devant la panique de cette jeune mère.

J'ai vu la vie dure rendue plus dure encore par le manque de places adaptées, de Clis en Ulis, les mêmes difficultés d'inclusion scolaire, d'absence d'AVS en absence d'AESH, la même impatience d'enseignants dépassés en dépit d'une incroyable générosité d'eux-mêmes, le même désir contrarié d'apprendre et de progresser. Et l'IME, l'institut médico-éducatif, comme une forteresse imprenable, tantôt espéré, tantôt redouté, au seuil d'y entrer après trois ans d'attente en moyenne ou au seuil d'en sortir sans solution pour la suite… la même et irrémédiable angoisse. Indubitablement, avec le handicap, la République est mise à l'épreuve de ses principes, l'égalité mise à l'épreuve de la réalité.

Mais, chaque fois, j'ai vu la vie l'emporter et du désespoir naître l'espoir. L'espoir d'une vie meilleure, avec ses projets et ses progrès. La vie avec ses rires et ses larmes. « Il est comme il est. »

« Il est comme il doit être. » En avant. Derrière ses petites lunettes colorées, cheveux courts et frêle silhouette, elle a un courage d'acier. Elle s'accroche, convaincue que cette prison a une porte ouverte. Alors elle la cherche, pour elle, pour son fils, pour tous les fils et toutes les filles. Elle s'accroche et nous nous accrochons à elle, comme à toutes ces mères. Ne pas les laisser seules. Tricoter la vie avec elles. Ces mots empruntés au titre du livre que Boris Cyrulnik consacrait à ces « survivants que notre culture considère comme suspects » lui viennent à l'esprit comme une évidence : le handicap peut être « un merveilleux malheur ».

INTERMÈDE 3

« J'ai voté communiste, j'ai voté Mitterrand, et la dernière fois j'ai voté pour Macron…
– Il va falloir arrêter de voter, mon père. »
Ainsi pourrait commencer l'adaptation contemporaine et landaise de Don Camillo. Je suis à n'en pas douter son Peppone socialiste, il est assurément « mon » vieux curé de campagne directement sorti des pages de Bernanos. C'est un caractère. Un esprit fort et malicieux. Il ne cède pas un centimètre de sa petite taille et, même d'en bas, il vous toise un peu. Une tête ronde, des fossettes profondes et une curiosité qui dépasse la limite de ses cils, comme disait Mazarin. Il y a entre nous quelque chose d'une sympathie faussement vache. Il me taquine avec tendresse. Je l'asticote avec affection et ses boutades me mettent en joie. Je l'imagine jeune boute-en-train des presbytères, jamais avare d'une bonne blague ou d'une petite vacherie.

« Il n'y a plus personne dans vos meetings, non ?
– Et vous, il y avait du monde à la messe ?
– Bouah ! Non, toujours les mêmes ! » Un partout.
Il aime la politique assurément, même s'il a depuis longtemps, de ce côté-là au moins, perdu la foi. S'il n'avait pas « fait curé », comme il dit, il aurait bien aimé être député. Mais voilà, chacun son sacerdoce…
Il connaît son bréviaire par cœur. Rien ne lui échappe de nos turpitudes parlementaires et il hume à distance l'humeur de l'Assemblée nationale. Il suit cela avec une passion non feinte et un peu exaspérée. Il maugrée, il vilipende, il peste et il accuse. Il se désespère. « Sarkozy : vous croyez qu'il va finir par aller en prison ? Mélenchon : oh celui-là, je le supporte pas ! Le Pen : elle me fait peur ! Macron : ah ça, je regrette !! Les socialistes ? je les connais pas. Cazeneuve ? Hollande ? Pouah !! » Pas un ne trouve grâce à ses yeux… Je crois cependant qu'il m'aime bien. Il a sa façon de me le dire : « Et vous ? président ? ça vous dit rien ? »

Moi, je suis un rouge !

« Ah moi, je suis un rouge ! Tu ne me feras pas changer d'avis ! » Un rouge, comprendre un communiste. Par conviction autant que par fidélité à son père déporté à Sachsenhausen. Les Jeunesses agricoles, la Jeunesse communiste clandestine, la Résistance à l'âge où fleurissent les premières envies d'être un homme. Francs-tireurs et partisans. FTP. Les tracts et les rendez-vous d'arrière-cuisine, les fusils et la mitraille. Les sabotages. L'arrestation, la torture, la déportation enfin... L'histoire en bandoulière, celle de son père, la sienne depuis l'enfance. De quoi vous donner une conscience, un sens moral dont on ne se départit pas et un chemin dont on ne se détourne jamais. Communiste de toujours et pour toujours. Il touille son café versé dans un verre en Pyrex avec, comme à chaque fois, plus de sucre que de café. « Je suis un rouge et il faut que la cuillère tienne debout. »

Il est comme ça, on ne le changera pas et, s'il change, c'est pour être toujours mieux lui-même.

Capborrut, comme on dit en gascon, une tête dure à fendre la masse, forgé au marteau d'une vie dure commencée tôt. Ces vies qui sculptent les corps et qui se rappellent à vous parfois d'un éclair dans le dos, les épaules ou les bras. Ses mains noueuses de vieux chêne pourtant sont des pinces. Il vous serre la main comme il desserre un boulon de moteur. Au creux de sa main noire, laborieuse, déjà, le monde ouvrier. Il la tend comme on ouvre les bras. La mienne, blanche et gourde, dans la sienne avec le sentiment d'une rencontre. « Mécano », dit-il, comme s'il disait « Voltaire ! mon nom ! », il est tout entier ce qu'il fait, cousin lointain de ceux de Billancourt, l'aristocratie ouvrière en Bas-Armagnac. Au milieu de l'atelier et des bruits de moteurs qu'il ausculte à l'oreille, bleu de travail, ceinture de force, visage et mains au cambouis, béret jusqu'aux yeux, il parle fort, interjections et jurons gascons font office de ponctuation. « *Diou biban !* » en point d'exclamation, « *hilh de pute* », en virgule… « Ici on se traite à peine qu'on se traite », avec affection. Une tendresse un peu rude, espiègle et généreuse. Il tend la main comme on accueille un peu de la vie des autres. Attentif au bonheur des uns, épousant les chagrins des autres comme pour en prendre sa part de douleur. Il écoute. On sait qu'il écoute. On vient s'y faire écouter autant que pour entendre sa grosse voix cylindrée, bercée d'accent landais, reconnaissable entre toutes.

Ici, on ne badine pas avec la tradition. Le rite républicain est sacré et le monument laïque érigé selon des règles immuables. Un jeune pin, un chêne parfois, méticuleusement choisi, décoré de rubans et de drapeaux tricolores. La procession, entrecoupée de haltes et de libations, les voisins qui se joignent aux voisins. Le mât qu'on dresse, l'écusson au sommet frappé d'un « Honneur à notre maire » trône devant l'atelier. Élu. Réélu. Élu encore. Incontestable. Incontesté. Aimé de tous. Admiré souvent, jalousé parfois. Il est à lui seul le village comme de Gaulle était la France. Il m'a vu grandir, je l'ai vu vieillir. Et, confidence pour confidence, mon premier vote de jeune majeur a été pour lui, quand la seule fois où il n'a pas voté communiste au premier tour fut pour moi. Le pin à l'entrée a fini par transformer l'atelier en annexe de la mairie.

Au pied du clocher-tour, tout de briques et de hourds de bois, dans ce petit village aux trois étangs, un rideau de fer jamais fermé. L'atelier donc. Des odeurs vaporeuses d'huile de moteur et d'essence. Des clefs parfaitement alignées sur les murs, l'établi encombré de pièces automobiles dont j'ignore tout, la fosse à vidange, bidons et cartons jusqu'au toit. Jamais on ne traverse le village sans ralentir à sa hauteur, sans le saluer d'un coup de klaxon, sans s'y arrêter pour le plaisir simple de venir le saluer. Il n'est pas rare d'y croiser le village, la gauche surtout. Ici, il y a toujours eu deux listes aux élections municipales, pas question de confondre sa droite d'avec sa gauche. Et d'ailleurs, ici, il y a les familles de droite et les familles de gauche, les quartiers de droite et les quartiers de gauche, les maisons de droite et les maisons de gauche, les associations de droite et les associations de gauche. Ainsi, le foot est à la droite quand la chasse est à la gauche. Une géographie politique qui ne manque pas de reliefs, mais dont les frontières ne bougent que peu. Un village de gauche, en somme. Ou presque. Le mot n'est pas la chose, la carte n'est pas le territoire… De gauche, au moins aux élections locales, parce que, ici comme ailleurs, Marine… Surtout dans les lotissements me dit-on. Les nouvelles maisons, les nouvelles familles, les nouveaux électeurs… Ça tient parfois à pas grand-chose un vote, ça relève parfois de l'inattendu. Je me souviens d'avoir été interpellé par un jeune homme au sortir d'une fête patronale. Grand-père socialiste, père socialiste maire d'un petit village de Chalosse. « J'ai voté Le Pen », m'avait-il dit, de quoi y perdre son patois. Le « saisonnier musulman » faisait la prière dans le vestiaire de son entreprise. Au coin de sa route, le « grand remplacement » des plateaux de télé… Suffisant pour le dérouter. Il votera pour moi, me rassure-t-il. Il y a quelques années encore, maison par maison, chacun savait qui votait quoi. Village par village, chacun connaissait l'opinion des maires, des adjoints, jusqu'au dernier des conseillers municipaux. Aujourd'hui, des listes uniques, des maires sans étiquette, des « divers rien ». « C'est drôle de voir ce que nos pensées sont devenues, on était tellement de gauche, aujourd'hui on ne sait plus », chante Miossec. C'est exactement cela, on ne sait plus.

Lui sait. C'est un rouge, avec autant de générosité que d'intransigeance. Générosité de lui-même du matin jusqu'au soir et même la nuit quand le téléphone sonne le glas, la cloche des morts comme on l'appelle par ici. Alors il se lève sans jamais penser à lui-même, sans jamais être autre chose qu'un serviteur du bien commun. Il est en réunion, de mariage, de baptême ou de cérémonie. Penser aux autres, c'est une façon de penser à lui-même. Pas un visage qu'il ne connaisse par son nom. Pas une histoire dont il n'ait été le confident. Il est de tous les combats pour son village, et ce sont aussi les miens désormais. Infatigable défenseur de son école contre les assauts de l'Éducation nationale, de son multiple rural contre les grandes surfaces, de son agence postale contre le recul des services publics, de sa boulangerie. C'est authentiquement un homme bien.

Au milieu des pins et des chênes, au bout d'un chemin, une chasse. Ce matin-là, à l'aube, je le rejoins dans cet autre chez-lui. Du Mauriac sous mes yeux ébahis. Une chasse de paysan, une chasse de métayer, une chasse de « gueux », pas celle des fils d'archevêque. Primitive. Préindustrielle. Sans poudre et sans balle. Faite à la main, faite de peu, faite de rien, de pieux et de fougères, de ficelles et de clous. Une cabane perchée, une cabane d'enfant, de bric et de broc. Couloirs et perchoirs, guettoirs et pantes. Une palombière comme une ligne Maginot de feuillage. La lumière, les odeurs, les bruits. Tout m'est demeuré familier. Tout me revient. J'ai le souvenir net de ces matins frileux où, petit garçon, il m'emmenait avec lui à l'arrière de sa Méhari, cramponné et les dents serrées, pelotonné dans des pulls trop grands pour moi. La nuit était encore noire et je filais alors le cœur battant vers ce qui était pour moi l'Aventure. « Fier comme un pou », disait ma grand-mère. Voilà bien longtemps que je ne suis plus venu. J'y trouve pourtant, ému, un peu de moi : quelques articles gondolés de *Sud-Ouest* avec ma tête dessus punaisés sur les murs de la cabane. Je siffle pour me signaler. Il est là, dans l'intimité du sauvage. Il connaît chaque plante, chaque arbre, chaque animal. Il les entend quand il ne les voit pas. Il les voit quand il ne les entend pas. Il se grime, se tapit, ses yeux gris transpercent le ciel sans nuage d'un beau jour de Saint-Luc. Il est à l'affût. Appeaux et appelants. Plus un bruit, plus un souffle. J'ose à peine respirer. « Ça pose ! » Il roucoule… Les palombes aux cimes des pins dodelinent de la tête, l'œil rond. Elles hésitent. Le claquement sec d'une aile, puis, dans un bouquet sonore, la fuite. « C'est pas pour cette fois ! »

C'est un rouge atteint de la « fièvre bleue », une fièvre vernaculaire, couleur de palombes inondant le ciel. Une fière atavique. Une fièvre héréditaire. Il n'est à cet instant qu'un dépositaire temporaire d'une longue histoire, celle de son père, de son grand-père avant lui, de tant d'autres. De sa fille déjà. Une Diane. Il en est heureux et fier. Le maillon d'une chaîne. Il est un passeur avec le sentiment, plus ou moins clair, de devoir transmettre. Il est indubitablement de cette terre gasconne et tout en lui le dit.

C'est un oiseleur et on ne le changera pas. Doué pour le bonheur, il est tout à sa joie dans ce coin de nature, hors du temps, qui ne connaît pas les saisons. Résidence d'été. Résidence d'hiver. Un autre chez lui, entre copains, fait de parties de rire et de bamboches généreuses. Ici se côtoient l'ouvrier et le notaire, le curé et le gendarme, le paysan et l'instituteur. On vit ensemble. Les barrières et les hiérarchies n'y ont pas leur place.

Je sais, avant même que de l'entendre, le reproche. Il l'a au fond de la gorge et au bord de son cœur écaillé. Je l'ai entendu dans d'autres bouches. Tant de fois. « Vous n'avez pas autre chose à foutre que de nous emmerder ? » Il m'englobe dans ce « vous » réprobateur, moi, le député qui autorise ou interdit, ce « vous » comme un œil qui le regarde et le condamne. « Je suis écolo, moi ! » Il y a dans cette formule, incompréhensible à l'heure de la sixième extinction de masse des espèces, le nœud de ce rapport paradoxal, mais bien réel, du chasseur à l'animal. Il est dans la nature et de la nature, indubitablement. Un conflit irréductible entre deux éthiques de la nature.

Je le sais, je le sens sur ce chemin de crête, étroit, sinueux et accidenté. Député des Landes, pris en étau et pris à partie, la question est politique. Je le sais et je ne m'en cache pas, j'ai grandi avec ces cultures populaires, j'en ai éprouvé les sensations. Ces cultures profondément ancrées. Ni lubie meurtrière aveugle, ni pratique indigne de notre époque, mais des cultures bien vivantes, fragiles. Au crépuscule aussi. Tout change, même les cultures, tout évolue, même les traditions. C'est heureux en un sens. Mais il serait insensé de les bannir sans autre forme de procès, d'un revers de mépris, sans prendre le risque d'attiser les clivages et de donner le sentiment irrémédiable et dangereux de la domination culturelle d'une France sur une autre. Plus que jamais, je mesure les colères rentrées et les humiliations subies par des citoyennes et des citoyens victimes d'un éloignement ineffable, mais ressenti, à commencer par celui du politique, attisant une abstention dont nous nous lamentons. À ce titre, je crains l'inacceptable posture d'un pouvoir central – le nôtre, en l'occurrence – qui chercherait à « civiliser » des régions entières au nom d'un bien qu'elles ne perçoivent pas... Langues, pêche, gastronomie : où s'arrêterait-il ? Un tel pouvoir serait comme étranger à son pays, coupé de ses racines, de ses habitantes et habitants. Un tel pouvoir ne serait assurément pas le mien. Je ne suis pas l'avocat de la chasse, mais je suis désormais celui de ces territoires et de celles et ceux qui y vivent. J'essaie de l'être en mesurant l'océan d'incompréhension que cela peut susciter chez certains de mes collègues députés des villes. Pourtant, nous partageons la même responsabilité de réconcilier élus et citoyens, sur fond de crise de la représentativité qui secoue notre société, et nous y œuvrons toutes et tous à notre manière.

Car le danger d'un délitement du tissu social est réel, palpable. La quintessence de toute démocratie n'est-elle pas la recherche du commun, l'acceptation de l'altérité ?

C'est ce qui se joue sans cesse, chaque fois que nous pénétrons au sein de l'hémicycle de l'Assemblée, à chacun de nos débats. En cela, je me fais volontiers disciple de Claude Lévi-Strauss, qui commença sa carrière au lycée de Mont-de-Marsan, dont l'intuition que toutes les cultures, même minoritaires, même « minuscules » selon ses mots, ont la même dignité trouve ici une résonance particulière. Il y a derrière toute culture, derrière toute identité locale – et sans doute pourrais-je dire derrière toute identité –, et plus encore dans ce monde rural aux prises avec un monde qui change, la recherche d'un récit de soi, d'un sens à sa vie, d'une transcendance. La question est indubitablement anthropologique, elle est assurément politique. Disant cela, je sais bien me trouver, dans cette affaire, au point de friction de deux France, l'une politique l'autre culturelle, au point de friction entre l'universel et le particulier, comme deux plaques tectoniques que des montagnes séparent. La nation française, une et indivisible, prospérant sur le particulier vaincu au nom de l'universel, tenant sous l'éteignoir les élans culturels régionaux comme autant de prétentions séparatistes portant en elles le risque de la dislocation.

Longtemps, je me suis senti indifférent à ces cultures locales – les tenais-je d'ailleurs pour des cultures ? – au nom d'un universalisme égaré et d'un jacobinisme méfiant. Énarque et servant dans la préfectorale, que dire de plus pour ma défense ? Sans jamais l'avoir formulé, ni véritablement y avoir réfléchi, je peux bien l'avouer maintenant : je tenais les traditions pour une forme de servitude, comme la religion demeurait pour moi l'opium du peuple. Je m'en sentais libre à bon compte. L'héritage atavique d'un grand-père prompt à « bouffer du curé » et d'un père qui doutait que les poètes félibres fussent véritablement des poètes. Simin Palay[1] d'un côté, Victor Hugo de l'autre. Mais me voilà, député des Landes, rattrapé sur un terrain inattendu, celui de la chasse, par ce dilemme tellement français. Une controverse dans la controverse. Obligé de penser contre moi ce rapport de l'universel au particulier, non pas comme une abstraction intellectuelle mais comme une réalité pratique. Obligé de chercher un lien, un point de réconciliation pour ne pas nous perdre « par ségrégation murée dans le particulier ou par dilution dans l'universel », pour reprendre Césaire. Sans cet effort, il n'y a pas de « pacte de tous les jours ».

Il me le dit avec la bonne foi de celui qui n'a rien à se reprocher et que l'on accable de reproches. « Arriérés, primitifs et cruels. Alcooliques aussi. » Comme un coup dans le ventre, il n'en revient pas : on parle de lui. Il me le dit triste et en colère. Mélancolique et blessé. Avec le sentiment d'être incompris et brutalisé. Acculé aussi. Son monde recule. Un monde contesté parce que minoritaire. Un monde sans plus grand monde. Il le sait, sa terre s'arrêtera bientôt. Mais j'en suis le témoin, quand on brutalise les identités, on prend le risque des identitaires. Dans un moment de cristallisation des extrêmes, sur fond de

1. Poète et défenseur du gascon et du béarnais.

relativisme délétère, faire coexister et se mêler des sensibilités diverses me semble plus pertinent que de les opposer entre elles – et plus en accord avec notre pacte républicain. L'affaire est politique. Alors il résiste, comme son père avant lui, pour défendre des siècles de tradition qui mêle histoire et culture. Il est une espèce en voie de disparition. Un ortolan. « Protégez-moi ! » achève-t-il, facétieux, dans un sourire auquel toutes ses colères laissent la conclusion.

INTERMÈDE 4

Je ne l'ai jamais vu. Peut-être ne le verrai-je jamais. Il est d'une certaine manière tenu depuis de longues années éloigné de sa terre de naissance, un Landais de la diaspora qui se rappelle au souvenir délavé de sa petite patrie.

Il m'a choisi. Je suis son « député traitant », un député secteur 1, sans dépassement d'honoraires et remboursé par la Sécu. Il veut une main innocente pour sa main coupable. Il veut voter dans les Landes. Il veut que je vote pour lui et lui pour moi… Je ne le connais pas. Il n'a pas de visage, mais un nom, une voix, un numéro d'écrou. Des lettres aussi. Nombreuses. De lui, le noir désir de mon adolescence dirait qu'il a « jeté l'encre ici sans s'arrêter d'écrire ». Ni *Mémoires* de Lacenaire, ni *Lettres de prison à Lucette Destouches*. Il n'y a dans ses lettres ni poésie ni politique. Ses lettres ne crient pas et ne dénoncent rien.

Juste sa fuite douce. Sa jolie fleur de mai. Son passe-muraille. De la prison, il ne parle jamais, ou si peu. Il écrit par nécessité, comme une mise à distance ; il écrit pour ronger un peu du temps qui passe, s'arracher aux barreaux, échapper aux regards, à l'ordinaire, au répétitif, au laid, au violent, à l'ennui, à la solitude. Lettre après lettre, il s'évade, à s'y perdre, dans ses souvenirs de jeunesse parfois, dans l'actualité labyrinthique et sans cesse renouvelée de la « petite lucarne », toujours, dont il est le lointain mais sagace observateur et l'exégète méticuleux. Il écrit et pourtant je ne sais rien de lui. Quel prisonnier est-il ? Papillon, Keyser Söze, le comte de Monte-Cristo, Michael Scofield ou le petit gars du coin ? Quel est son crime ? Il ne m'en dit rien, je ne le lui demande jamais.

« Quand reverra-t-il, hélas, de son petit village fumer la cheminée et en quelle saison ? » Il en évoque l'horizon sans date, comme un rendez-vous jamais fixé. Il viendra me voir, me dit-il sobrement. Je l'attends.

A priori coupable

C'est un rituel précieux. Le geste premier du vendredi en arrivant à la permanence. Un moment d'impatience et de curiosité. Un baromètre autant qu'une boussole. Je tourne les pages une à une. Précautionneux toujours. Mes doigts sur le papier, l'œil sur l'écriture. Des pleins et des déliés. Ici le certificat d'études, comme un cahier d'écriture, sans la moindre faute. Une écriture d'autrefois, une écriture de grand-mère. Une institutrice peut-être. Là, l'expression hésitante, l'encre sympathique, mais le mot sans détour. Ça cogne dans les cœurs, ça cogne à ma porte. Derrière chaque lettre, une vie, un visage, une histoire.

Sur un carton bristol un peu jauni, une écriture empreinte de tristesse m'adresse gravement les remerciements aux condoléances envoyées quelques jours plus tôt. Sur cinq pages et papier quadrillé, d'une écriture mal assurée, en deux couleurs, soulignant ce qui pourrait échapper à ma lecture, biffant ses hésitations, une plume vengeresse en guerre contre la Caisse d'allocations familiales… Je la relirai pour comprendre. Celle-ci est tapée à la machine, cérémonieuse, elle s'achève sur un : « Je vous prie de recevoir mes salutations cordiales et respectueuses et vous assure de ma très haute considération. Fidèlement à vous. » Rien que ça ! Celle-là se conclut par un *post-scriptum* à l'attention de mon épouse. Elle a droit à des remerciements. Je transmettrai le message. Dans la pile de ce jour, enfin, quelques-uns de mes correspondants assidus, trouvant dans chacune de mes réponses, dans mon « attention bienveillante », mes « remerciements » ou mes « sentiments les meilleurs » l'occasion d'un rebond. Comme cette correspondance facétieuse, imaginée et imaginaire, sans fin et sans objet, d'Hervé Le Tellier avec François Mitterrand : « D'autres auraient pu confondre sa réponse avec une lettre type. Pas moi. J'ai répondu, et reçu de François une nouvelle réponse, à la teneur assez proche. S'est ainsi établie une correspondance très personnelle entre lui et moi, jusqu'à sa disparition. »

Celle-ci est un cri. J'y pose mes yeux sans plus la quitter. Elle me colle aux mains. Encre bleue, écriture serrée. 19 octobre 2017. L'âme, le cœur, les tripes, tout s'y déverse. La colère et la peine. Mêlées. Elle s'adresse à moi et à travers moi, me dit-elle, à « toutes les personnes qui me jugent *a priori* coupable ». La missive est saisissante, passionnée, pleine d'humanité. Touchante aussi. C'est la lettre d'une femme. La lettre d'une chômeuse. D'une récidiviste en plus. Pas vraiment le profil d'une fainéante, elle a des diplômes, plusieurs expériences professionnelles, y compris à l'étranger. Alors elle cherche, elle tape aux portes, elle écrit, elle écrit encore, elle écrit toujours. Une chômeuse qui ne chôme pas. Le chômage, c'est se promener tout le temps avec son CV dans une pochette, me dira-t-elle… Les refus se conjuguent aux silences. Elle ne trouve pas. À 37 ans, riches parcours et pauvres employeurs. Trop haché, trop incohérent. Pas le bon diplôme, pas la bonne expérience. Pas assez, pas au bon endroit. Alors elle se sent coupable. Coupable d'être au chômage, coupable de son parcours qui ressemble à une impasse, coupable de ne pas avoir su se prendre en main et s'inventer un avenir, l'avenir qu'on attend d'elle au moins. Coupable de ne plus contribuer à la solidarité nationale, d'être à sa charge. Pas fière en somme, « comme une majorité des gens que je croise à France Travail ». C'est vrai, elle ressemble à tant d'autres. Derrière la culpabilité, je lis la colère couchée sur le papier. Ça fait mal les préjugés, les jugements à l'emporte-pièce, les phrases assassines sur le travail du bout de la rue qui n'attendrait que nous. Ça fait mal le regard des autres, l'impatience des familles et l'incompréhension des amis. Les mises en cause et les « cause toujours ». Ce sentiment de ne pas être grand-chose et de compter pour peu. Ça fait mal d'être l'assistée. La chômeuse, du bas latin *caumare*, « se reposer durant la chaleur ». Tout un programme.

Elle ne me demande rien, elle témoigne. Elle n'est pas la première à pousser la porte de ma permanence ou à m'écrire juste pour me dire « comment ça se passe ». Comme ce couple au seuil de la soixantaine qui ne trouve pas d'emploi. Ils ont « mangé la grenouille », comme ils me disent, dans le rêve de leur vie : monter un commerce. Le rêve a sombré et leurs économies avec. Alors ils cherchent, mais à 58 ans on finit par douter, par ruminer ses angoisses, par ravaler son orgueil aussi quand c'est au fils qu'on demande, le rouge au front, son argent de poche. Comme cette autre, aussi, qui voudrait bien mais qui ne peut pas. Sa voiture a dit non un matin, elle n'a pas l'argent pour la réparer et elle ne veut pas demander à son père de l'accompagner tous les matins à un travail qu'il vient à peine de quitter. Il a bien droit au repos après une vie de labeur commencée tôt. Ils ne me demandent rien mais ils témoignent. Simplement. Dignement. Dire les maux. Voir derrière les mots.

Savent-ils vraiment, ceux qui nous gouvernent ? La question est dans tous les esprits et sur beaucoup de lèvres. Vivent-ils dans le même monde que nous ? À la question « Que peuvent-ils comprendre de nos vies ? », répond en mon for intérieur cet écho angoissé « Que puis-je comprendre de leurs vies, en effet ? ». Je me suis tôt posé la question de la représentation, avant même que d'être élu. Pas comme le fait la science politique, mieux que moi capable d'établir le diagnostic de la crise de la représentation politique, mais comme une question à régler avec moi-même avant de m'engager. Me présenter à la députation n'avait rien d'une évidence, contrairement à ce que l'on peut se figurer sans doute de « l'ambition » en politique. Henri Emmanuelli, le grand prédécesseur dont le souvenir exigeant me veille, avait pensé à moi pour lui succéder. Il lui fallut bien de la patience pour me convaincre de sauter le pas… Il y avait, bien sûr, la part de sacrifice que je savais devoir faire à ma vie de famille, le renoncement à un métier que j'aimais, la violence politique aussi que j'avais observée de près sans en être personnellement l'objet et qui me tordait déjà le ventre. Mais il y avait surtout cette question de la représentation, dont je pressentais, sans l'avoir pourtant jamais éprouvé, le vertige. Pas seulement la dimension métaphysique du rapport au peuple souverain, mais le rapport humain de soi à l'autre. Je savais déjà la distance immense de ma vie à celle de beaucoup des Landaises et des Landais qui peut-être me choisiraient, je l'éprouve en grand à chacune de mes rencontres. Et tout fut apprentissage pour trouver les conditions de possibilité de la représentation. Résoudre cette contradiction et même ce malaise : être ce que je suis, avec mes diplômes, mon parcours, ce que furent au moins symboliquement mes responsabilités, et être le représentant des paysans de Chalosse, des aides-soignantes du Pays tarusate, des instituteurs d'Orthe et des Arrigans, des ouvriers et des forestiers de la Haute-Lande, de cette jeune femme cherchant un emploi… Je n'ai pas trouvé d'autre façon de faire que de rencontrer de façon boulimique mes administrés, d'entrer dans leurs vies, de chercher à comprendre, d'écouter, d'accepter de douter et d'apprendre. J'ai fait sève de tout cela qui coule désormais dans mes veines de député.

Il n'y a pas d'autre réponse que de « se mettre au service », de toutes ses forces, de cultiver tout ce qui fait notre commune humanité et de demeurer toujours à portée des voix les plus silencieuses pour les entendre et les faire entendre. De ce point de vue, la réélection est un honneur mais aussi un soulagement. « On a envie de vous faire confiance », me dit-on. Je mesure le poids de cette envie qu'on place parfois entre mes mains. La confiance, cette flamme fragile, qu'on dit étrangère à la politique. Elle me brûle les mains parfois, je la vois vaciller souvent. Je la nourris comme je peux avec une double conviction : il n'y a pas de confiance sans justice, ni sans compréhension de sa place dans la société. Or la France souffre et le mal qui la ronge, c'est l'injustice. Quant à la compréhension de la place qui est celle de chacun dans la société, elle se brouille. Beaucoup de femmes et d'hommes se sentent perdus et vivent confusément cette injustice, qui porte la colère comme la nuée porte l'orage, belle et cruelle expression du grand Jaurès.

Elle veut qu'on sache, elle veut que je sache. Alors elle le crie. Alors elle l'écrit. Elle n'en peut plus des débats qui sont autant de procès en assistanat. Celui qui grandit à la veille de la réforme de l'assurance-chômage voulu par le gouvernement est un coup de poing dans le ventre. Ce ventre torturé par l'angoisse. Alors elle donne à son cœur révolté ce qu'il faut de courage pour me le dire :

« Cette révolte, je l'exprime simplement, elle m'étreint, m'étouffe presque. » Elle accepte que je publie sa lettre sur les réseaux sociaux et l'écho est formidable. Moi qui n'en regarde jamais les commentaires, je m'y résous. Il faut que je lise ça, m'ont dit avec insistance mes collaboratrices. La colère partagée. La reconnaissance aussi. Elle a trouvé les mots qui ne venaient pas à d'autres, parlé pour eux. Elle est la « porte-parole de beaucoup d'oubliés », écrira-t-on sur mon Facebook. Beaucoup y voient le miroir de leurs propres vies, complètent le témoignage de leurs blessures, apportent leur soutien, prodiguent quelques conseils. Je n'échappe pas à la critique en naïveté : « Pourriez-vous atterrir un peu, vous et vos collègues ?? Des individus comme cette personne, il y en a un très grand nombre dans votre territoire. [...] Quand allez-vous ouvrir les yeux ? » Ils sont grands ouverts pourtant. Jamais assez sans doute.

J'ai voulu la rencontrer. Mettre un visage sur cette lettre. Ne pas rester à distance de cette vie qui se livre et se délivre. Un matin, dans la lumière de l'hiver, elle est là, cheveux attachés, son visage respire l'intelligence. La bienveillance aussi. Jean noir, pull kaki, rouges en écharpe nouée au cou, sacoche de cuir en bandoulière. Un sourire franc sur les lèvres. Elle s'excuse d'être là, je m'excuse de l'avoir fait venir. Elle m'explique son coup de sang, cette rage, ce dégoût qui monte. Ce besoin de m'écrire. Elle n'attendait pas de réponse, elle s'étonne d'être là. « J'ai peu de poids, une seule voix, je vous l'ai remise. » Ça oblige quand même ! Moins de mille euros par mois, voilà son indemnité chômage, elle compte tout, se prive souvent et ne part plus jamais en vacances. Mille euros, moins que le seuil de pauvreté, me dit-elle, le regard incrédule. « Y a pire que moi », elle hésite à formuler la chose pour elle-même et à dire le mot qui la guette, la pauvreté. Elle le tient à distance pour ne pas l'installer, pour ne pas l'accepter. Elle veut dissocier l'état et le sentiment. Être pauvre sans avoir le sentiment d'être pauvre. Une façon de tenir le réel loin de soi pour qu'il ne vous colle pas définitivement à la vie. Au chômage, mille euros pour survivre, mais pas moins digne qu'une autre. « Je ne suis peut-être pas grand-chose, je ne suis peut-être qu'humaine, je ne changerai peut-être la vie de personne, mais je n'ai pas moins de dignité », m'avait-elle écrit. « Je ne suis peut-être pas grand-chose », j'avais retourné plusieurs fois cette phrase dans la tête. Désolée, elle me la répète encore en se recroquevillant sur sa chaise comme pour se réduire encore un peu, son corps pour dire ce qu'elle est. Ou ce qu'elle croit être. Pas grand-chose, toute petite. L'écho d'une balle perdue, « les gens qui réussissent et les gens qui ne sont rien ». Sous l'écume médiatique, sous la mousse des commentaires politiques dont je n'ai pas été moi-même économe pour dénoncer les propos du président de la République, les blessures qu'on ne soupçonne pas. Celles qu'on ne voit que quand on les cherche. Je les cherche.

C'est bien le propre des libéraux que de séparer le monde en deux catégories, les premiers de cordée et les derniers de corvée, de révérer les premiers et d'abandonner les seconds à ce qu'ils pensent être leur destin de perdant. Une vision du monde qui ne s'embarrasse pas de complexité. Il faut bien avouer que l'époque, elle-même, ne s'embarrasse ni de complexité ni de nuance. Il faut prendre parti sur tout et surtout prendre parti. Choisir son camp. De ce point de vue, la politique a été pour moi un apprentissage un peu brutal. Bien sûr, je l'entends, le procès en assistanat. Je n'esquive jamais les sujets qui taraudent. On me le dit lorsque je parcours ma circonscription et on médit des « profiteurs » dont on n'a pas toujours l'exemple au bout de la route, mais qu'importe... Tout le monde sait, paraît-il. Être élu, c'est se retrouver à la confluence du débat théorique, de la réalité pratique et de l'opinion ; ce que croit tenir pour vrai l'opinion renverse tout ce que pourrait nous dire théorie et pratique. Il y a dès lors, je crois, deux façons d'être à l'opinion. La discuter au risque de l'impopularité, la conforter au risque de trahir la vérité. Mais que vaut la vérité lorsque le mensonge rapporte plus ? Ce qui m'apparaît assez établi, c'est qu'on ne gouverne jamais longtemps par les préjugés sans finir soi-même par en dépendre. Par les temps qui courent, l'outrance est à la mode quand la nuance semble appartenir à des temps révolus dont je ne saurais dire s'ils ont jamais existé. Je sais que cela colle mal à l'époque, à la radicalité des temps, à l'appétit des médias et des réseaux sociaux dont je suis dès lors le « mauvais client », mais ça colle à ma façon d'être. On m'a souvent dit, non sans bienveillance : « Tu dois passer le mur du son médiatique, il faut taper !

Il faut cliver ! Crée la polémique ! » Je connais les règles du jeu par cœur, je sais comment faire le buzz, je connais le goût des journalistes pour la petite phrase, j'ai vu le succès immédiat des jugements à l'emporte-pièce, l'efficacité rhétorique des fausses évidences assenées le menton haut, mais je n'aime pas ce jeu.

Je vois bien sûr ce qu'il y a de fragile dans la nuance, dans l'appréhension de la complexité du monde, des choses et des êtres. Et même ce qu'il y a d'interdit aujourd'hui à dire « Je ne sais pas ». Faire sienne la nuance en politique, c'est aussi accepter le doute, la recherche de la vérité. Comme le dit si bien Camus, « l'erreur, en politique, suit la conviction comme son ombre ». Ni lâcheté, ni mollesse, ni concession à mes principes, au contraire, plutôt le refus d'une certaine forme de facilité. La nuance n'est pas la recherche d'un juste milieu, ni le refus de choisir, c'est la recherche de la justice qui seule permet de prendre parti. Il ne s'agit pas, bien sûr, de n'avoir pas d'opinion, mais de la construire en dur. C'est un peu conjurer le risque d'une démocratie expéditive qui finirait par ne plus être la démocratie. J'y vois même une forme de nécessité dans un temps où chaque mot est miné et peut être retourné en son contraire. J'y vois une forme de pacifisme dans « un monde mûr, avec les mots de Bernanos, pour toute sorte de cruautés », un monde moins veillé par la révolution sociale que par la révolution nationale. C'est peut-être ça la radicalité vraie, un travail de tisserand contre toutes les machines à découdre de nos sociétés.

Ainsi en va-t-il de la question du travail, débat dont on a vu à quel point il est interdit de nuance et finalement confisqué dans une forme de procès sans queue ni tête fait à la gauche, accusée d'être celle des allocs et du droit à la paresse. Il y avait pourtant la place pour la défense du travail digne et porteur de sens, pour un débat rendant compte de la complexité du rapport entre temps de travail et temps libéré, pour une réflexion renouvelée sur le travail heureux… Je ne connais pas d'espace pour le conduire et je m'en désole. Une chose est sûre, si la fraude sociale existe, elle est minoritaire et je ne crois pas aux « privilégiés d'en bas ». Elle ne me dit pas autre chose, elle n'est pas une privilégiée et revendique sa dignité de travailleuse privée d'emploi. La formule est sans doute plus juste et plus conforme à ce qu'elle est, une travailleuse. Elle n'a pas honte de son parcours, pas honte de son expérience, de ses expériences qu'on lui reproche désormais comme autant d'errements. Elle a pris des risques, relevé bien des défis dont elle ne se savait pas même capable, elle a eu plusieurs vies, s'est frottée à l'altérité comme à l'inconnu de l'étranger qu'on découvre et qu'on apprivoise. Pas du genre à se laisser abattre, son caractère la porte à l'espérance. Elle a mille euros et mille projets. Si elle peut les rêver, elle peut les accomplir, alors elle continue de chercher du travail et de rêver. Le rêve n'est pas une valeur bourgeoise et est la cause du peuple. Elle repart, France Bleu Gascogne voudra la faire témoigner. La voilà porte-parole. « S'il vous plaît, me dit-elle comme elle avait conclu sa lettre, ajoutez ma voix à celle d'autres pour défendre notre dignité, notre place dans la société. » Voilà bien mon mandat.

INTERMÈDE 5

Elle est debout sur sa chaise, puis bientôt sur la table, hors d'elle et hors d'haleine. Une Gorgone vociférante et possédée… elle ne parle plus, elle hurle, inaccessible à la contradiction, hermétique à la discussion.

Elle n'est pas contre les vaccins, m'a-t-elle dit en préambule. Voilà pourtant près de trente minutes déjà qu'elle argumente, méticuleuse et concentrée, produisant chiffres et rapports comme autant de preuves. Je l'écoute sans lui rien opposer. Elle a là, devant elle, de volumineux documents que « tout le monde peut lire » sur Internet, des vidéos disponibles à qui veut se donner la peine de les regarder, et elle loue sans barguigner le travail « magnifique » du professeur Raoult. Elle croit en « sa » chloroquine avec la foi du charbonnier.

Tout est clair, frappé au coin du bon sens. Elle n'a rien d'une imbécile et rien ne la prédispose aux vérités alternatives. Elle est indubitablement sincèrement convaincue. Tout est là sous ses yeux, sous mes yeux désormais. Elle me parle de liberté et de droits de l'homme, d'essais cliniques pas même achevés, d'effets secondaires plus graves encore que le virus lui-même. Il y a d'un côté les morts du vaccin que l'on tait et de l'autre les morts du covid que personne n'a jamais vu. « Vous les avez vus, vous ? » Cinquante nuances de fantasmes. On nous ment. On me ment, m'assure-t-elle, révoltée. Elle ne comprend pas que je me laisse abuser, alors que j'avance prudemment les avis du Conseil scientifique et le nom de Delfraissy… moins incompétent, à ses yeux, que perclus de conflits d'intérêts. Je tente de reconstituer le chemin sinueux et incertain d'une décision politique, éclairée par la science, composant avec la part de doute inhérente à cette épidémie singulière et à la recherche de l'intérêt général. Je lui parle santé publique, elle me répond santé de sa famille. En vain. Elle ne désarme pas.

Sa peur ne fait aucun doute. Elle ne veut pas qu'on transforme ses enfants en cobayes. Je hasarde sans malice la formule qui la met en furie. Mes enfants sont vaccinés et je ne tiens pas moins à eux qu'elle-même ne tient aux siens. C'en est trop. Elle ne m'écoute plus. Elle assène ses arguments comme autant de coups. Elle cherche le K.-O., la réplique impossible et l'argument définitif : « Vous êtes mon député ! Vous devez me représenter ! » Elle me regarde comme pour vérifier l'effet de sa formule. « Vous avez raison, et je représente aussi les 80 % de Landais déjà vaccinés. » Sa droite ne m'a pas atteint et mon crochet l'ébranle. Elle redescend de la table, de la chaise. Elle ramasse ses affaires qu'elle pousse devant moi. Son ton est à nouveau apaisé. « Vous les lirez ? Merci de m'avoir écoutée. Je suis un peu vive parfois. »

Mélodie d'amour

La journée a eu son lot de cocasseries et nous ne nous sommes pas interdits d'en sourire parfois. Un monsieur, fort aimable, est venu jusqu'à Saint-Sever, cap de Gascogne, entre Chalosse et mer des pins, depuis Périgueux pour me demander une autorisation. Laquelle ? Cinq cents kilomètres aller-retour et beaucoup d'impatience, de son côté comme du mien, piqué par le mystère de sa requête. Le voilà qui la livre tout de go. Il cultive depuis l'enfance un don singulier, me dit-il, il protège les gens, y compris à distance. Je n'ai pas bien compris de quoi, mais il me considère « fragile du côté sensible »… Il protégeait déjà mon prédécesseur et souhaite mon assentiment aujourd'hui pour continuer son œuvre bienfaitrice et désintéressée. Henri Emmanuelli ne m'avait pas tout dit… Jamais trop prudent, un poil superstitieux et assez convaincu du reste d'être « fragile du côté sensible », j'ai accepté. Un peu amusé quand même.

Mon dernier rendez-vous. C'est une jeune femme. À peine 30 ans. Grande, les cheveux blond-châtain légèrement ondulés. Mince. Les yeux noisette. Un peu abîmée. La vie a déjà posé ses griffes sur elle. J'en devine les traces. Elle retient un sourire de malaise sur des dents gâtées. Ses cernes sont déjà profonds et sa peau laisse paraître quelques rougeurs qu'elle gratte consciencieusement. Elle tire sur les manches d'un pull-over trop grand pour elle. Un pull d'homme qui lui arrive à mi-cuisse et cache son corps. Elle tire sur ses manches, elle tire sur ses doigts et ses yeux fuient les miens. Halo de tristesse, soupirs profonds et langueur monotone. Je sens sa gêne et les mots ne sortent pas. Comme cela arrive parfois, je la reçois sans avoir idée de sa demande. Pourquoi est-elle là ? Je reçois tout le monde, sans filtre et sans préalable. Alors parfois on ne veut pas dire, pas par téléphone, ou pas tout de suite, ou rien qu'à moi. Elle est là, toujours silencieuse, le regard baissé. Elle ne veut pas de café, « Juste un verre d'eau, merci ». Je sais par habitude dans ces instants de silence bruyant ce qu'il faut de courage pour parler. Je crois parfois l'entendre, ce conflit intérieur qui se joue sous mes yeux. Ce moment précis où la fuite peut l'emporter sur le courage d'ouvrir la bouche quand on serre les dents. Reculer, ne rien dire, s'excuser, partir sans demander son reste ? Parler ? Et puis les cœurs s'ouvrent. Les regards se trouvent. Elle vient sur les conseils du maire de son petit village. Elle parle : « Je ne sais pas ce que je fais là, je suis désolée de vous embêter avec mes histoires. »

« Je ne sais pas si vous pouvez m'aider. » Elle a devant elle une pochette jaune cartonnée. Elle en sort des feuilles qu'elle pousse devant moi. Ce sont des certificats médicaux. Je pose une main dessus pour ne pas les voir. Je n'ai pas à les voir. Je n'ai pas besoin de les voir. Quoi qu'ils disent. C'est elle que je croirai, quoi qu'elle dise. Elle insiste. J'objecte le secret médical, la confidentialité... Ça ne me regarde pas. Elle insiste encore et je lis dans ses yeux perdus une supplique. Les voir, c'est la croire, elle qu'on n'a pas toujours crue, elle qu'on a parfois crue trop tard... Alors je regarde ce qu'elle n'a pas à cet instant la force de me dire. Hématome du pourtour orbitaire gauche, trace de griffure profonde de sept centimètres de long sur le cou, lèvre fendue sur deux centimètres... Huit jours d'interruption temporaire de travail... Pas besoin d'en lire plus pour comprendre. La nausée. Autant le dire, je redoute ces plongées brutales dans l'intimité des vies blessées, des corps abîmés dont on me découvre en confidence les plaies ouvertes et les cicatrices zébrées. Une forme de crudité, de nudité qui me met à l'épreuve de mes propres émotions. Elles montent en moi comme la marée, parfois le sel jusqu'aux yeux. Quelque chose d'une impossible mise à distance. Je la ressens même physiquement comme un vertige au fond du ventre. Je me suis toujours demandé si cette sensation n'appartenait qu'à moi. Souffrir un peu avec ceux qui souffrent, pleurer avec ceux qui pleurent comme disent les cathos. Je n'en tire aucune gloire, je n'y vois aucune qualité, pas même un supplément d'âme, j'en fais le constat comme un aveu de mes propres faiblesses. L'affligé ce n'est pas moi.

Il y a là aussi copies des plaintes déposées dans plusieurs gendarmeries, dans plusieurs départements. Hautes-Pyrénées, Pyrénées-Atlantiques, Landes. En pile, elles s'empilent. J'en lis quelques lignes accablantes : « Ne fais pas la maline, là je ne te frappe pas parce qu'il y a le petit mais la prochaine fois que je te croise, je te dévisse la tête, je te massacre. » Elle raconte l'indicible, ne termine pas toujours ses phrases ou dans cette langue qu'on ne parle qu'avec les yeux. La situation s'est dégradée petit à petit, des cris et des regrets, des coups et des excuses, des claques et des promesses. « J'recommencerai plus. » Des poings et des roses... Il n'y a pas de crime d'amour. Juste un voyage au bout de l'enfer à la Philippe Besson. La chronique d'un drame annoncé. Ceci n'est pas un fait divers, c'est un fait social. Une histoire comme tant d'autres. Une histoire moche et banale comme il s'en amarre parfois à ma permanence. Aujourd'hui c'est la sienne. Je l'écoute. Elle attendait que ça passe, la douleur aux côtes, le bleu aux joues et la tête dans les mains. Mutique et cabossée. Les jours sont ténèbres plus encore que les nuits. Plus de cris, pas de pleurs, juste le bruit des coups.

« L'amour, c'est pas ça... » Le viol. La peur. La colère. La fuite enfin. Un *Jamais sans ma fille* version française. Cinq minutes et un sac. Quatre enfants et un but : partir. « Partir pour ne pas mourir », me dit-elle. Chez ses parents. Une île. Son enfance parfumée des lilas du jardin, l'insouciance au goût de pastis de maman. Sa chambre d'adolescente. Tout un monde familier quitté trop tôt. Presque précipitamment. Dans une tempête de malentendus, dans un caprice de jeune cœur, dans un chagrin d'amour. « Il n'était pas fait pour elle. » Des mauvais garçons et des mauvais coups, une brève histoire de sa vie, impétueuse et brutale. Des histoires d'amour qui finissent mal en général, mais pour elle « c'est tout le temps », me dit-elle, désolée d'en être désolée.

Sa mère est là aussi qui l'a accompagnée. Femme sans âge. Je la vois rongée, dévorée. Tout ébranlée de l'intérieur. Tout dans son visage le dit. Ses sourcils comme des larmes géantes. Elle n'a pas posé de question. Elle sait depuis longtemps. Elle en tremble depuis toujours. Le pire n'est jamais certain mais parfois il tape à la porte. Alors elle ne la ferme pas à clef. Au cas où. Elle n'a jamais cessé d'attendre son retour, d'espérer et de redouter cet instant. Aujourd'hui, sa fille est là. Avec ses enfants sous le bras. Désespérée, fatiguée, blessée… vidée d'elle-même. La vie comme une clepsydre.

Un mauvais film. Bourreau, sauveur, victime… trinité diabolique. Un vertigineux sentiment d'impuissance et, à tout dire, de honte. Législateur désenchanté. Combat jamais achevé. *Quid* de l'éloignement du conjoint violent ? *Quid* de la protection des victimes ? Pourquoi diable la justice est-elle si lente ? Que n'ai-je voté pourtant qui ne devrait pas trouver ici à s'appliquer ? Les discours et la distance à la réalité vécue. À l'entendre, cette distance est incommensurable. Elle me dit tout, presque à bout de souffle, ses phrases sont hachées, ses mots sont mâchés. Elle parle vite, haletante, comme une course, comme une fuite. Sortir du tunnel. Un tunnel sans lumière. La vie en noir.

On lui a volé ses enfants. Deux cents mètres de chemin familier jusqu'à l'école. La sienne dans l'enfance. Juste après l'église, une petite place bordée de platanes veillée par le buste de Frédéric Bastiat. Il a surgi entre deux voitures. Tout s'est passé si vite. Ses jambes ont manqué à sa fuite. Ses cris ont manqué au silence. Elle s'est retrouvée là, abasourdie et impuissante. Suffocante et blême. Elle a tout dit aux gendarmes. Elle a tout dit aux services sociaux. Le juge est passé par là.

On lui a placé ses enfants. Un soulagement, de la tristesse et un éperdu sentiment de culpabilité. C'est elle qui l'a voulu. Au moins au début. Mais quelle mère est-elle donc ? Est-elle seulement une mère ? Je le sais, elle me le dit, la question la taraude. Elle ajoute du mal au mal. Elle ne les a pas abandonnés, juste protégés. « C'est pas pour toujours, vous savez. » Et puis, une famille d'accueil, c'est « une famille quand même », me dit-elle. Le temps de se reconstruire, de s'aimer à nouveau, d'apprendre à ne pas se juger aussi. Le temps de redevenir femme pour parvenir à redevenir mère. Elle se sent prête désormais. Elle s'occupe quelques heures par semaine des enfants des autres, alors pourquoi ne pourrait-elle pas s'occuper des siens ? Un petit boulot et de grandes satisfactions, dans le cadre des activités périscolaires, que lui a confié le maire. Ça lui plaît, les parents sont contents et ça suffit à lui donner ce qu'il faut d'espoir pour penser à demain. Ses fils, sa bataille. Un peu la mienne désormais. Modestement. Comme une dette. Des ennuis qu'on attaque ensemble par la face nord, abrupte, des obstacles qu'on lève les uns après les autres, parfois gigantesques, souvent absurdes. Les grands nœuds et des petites victoires. Parfois. Ça rallume des étoiles dans ses yeux.

Elle veut un « chez elle » pour avoir un chez eux… Quatre pièces, c'est la condition posée pour lever le placement. Quatre pièces pour retrouver ses enfants. Alors, nous ne ménageons pas notre peine auprès de l'office HLM. Sa directrice est une femme généreuse et nous sommes obstinés. Ce combat mérite d'être mené. Pas un passe-droit, jamais. Pas question de passer devant une situation plus urgente, une vie plus difficile, un drame plus grand. Mais aux Jeux olympiques des emmerdes, elle est quand même bien placée pour terminer en tête de sa catégorie. Alors on l'aide, on argumente, on insiste. Le soutien aérien du CIDFF[1] des Landes fait le reste. Un carré de militantes de la cause qui ne lâchent rien. Des féministes contagieuses. Des guerrières. Elle y a trouvé plus qu'un lieu où être écoutée, un lieu où parler désormais à visage découvert. Pour elle et pour toutes les autres.

1. Centre d'information sur les droits des femmes et des familles.

On lui a rendu ses enfants. Enfin. La voilà chez elle, les voici chez eux. Cocon câlin. Le début du bonheur sans être tout à fait la fin des ennuis. Un train peut en cacher un autre… Mais où sont passées les allocations familiales ? Portées disparues. On les cherche. Lampe au front. Un *escape game* administratif. Distrayant. Une plongée en phobie administrative. Effrayant. Je me fais l'effet d'un Gaston Lagaffe descendant aux archives des éditions Dupuis. Pas loin de la vérité. La CAF sachant gaffer, les allocations familiales ont continué d'être versées au père de ses enfants. Un grand éclat de rire. Elle est belle quand elle rit.

INTERMÈDE 6

Elle m'avait indiqué de façon sibylline l'objet de sa demande et j'en avais espéré un moment partagé de joie. « Je viens vous voir parce que j'ai gagné un million au loto anglais. »
Voici donc une millionnaire franchissant le seuil d'une permanence plus habituée aux fins de mois difficiles et aux secours d'urgence qu'aux signes extérieurs de richesse. L'aventure m'intéresse, je l'écoute avec gourmandise. Le tirage au sort en ligne d'abord approuvé par le British Gambling Board et la bonne nouvelle dont elle ne se remet toujours pas, le mail de confirmation ensuite, en anglais et en français, reçu des UK National Lottery Headquarters, avec une adresse à Liverpool et le nom de son interlocuteur, le *Consultant Revendications* Mark Mavel, avec une pièce jointe qu'elle sort précautionneusement d'une pochette en plastique, elle-même enfermée dans un dossier de carton. Elle en a la main qui tremble.

Tout y est ! Vraiment tout. En haut, le logo, les doigts croisés, de la loterie britannique, celui de la Française des jeux aussi, ce qui ne gâche rien… L'Union Jack, en son centre, vient rehausser la missive, tandis que l'adresse d'un prétendu notaire est agrémentée d'une Marianne sérieusement pixélisée. Le courrier est explicite, « … nous avons choisi d'organiser un tirage aléatoire sur un lot d'e-mails sélectionnés selon des critères bien déterminés »… Bingo ! « Pour des raisons de sécurité, nous vous conseillons de tenir vos informations de victoire confidentielles jusqu'à ce que votre dossier soit traité. » Elle n'a rien entrepris et je suis le premier informé, me dit-elle les yeux brillants. Tout y est, mais tout est faux. Je le lui dis sans brusquerie, un peu gêné aussi : l'orthographe approximative, la mise en page rudimentaire, les photos de mauvaise qualité, les incohérences d'adresses… Son sourire s'efface tandis qu'elle range avec la même précaution le document. « Vous êtes sûr ? Je vais peut-être aller voir quelqu'un d'autre. »

Les maux d'Amou

Je pousse la porte, ils me regardent, chapelet d'yeux grands ouverts. Certains se dérobent. Se cachent un peu. Passent une tête timide. Un sourire. Puis un autre. Les plus audacieux me tendent la main. Du linge sèche sur des fils tendus en travers de la pièce comme une drôle de toile d'araignée. Une pile anarchique de chaussures près de la porte et une montagne d'anoraks en équilibre sur une chaise. Le Secours populaire est passé par là. Il fait chaud, quelque chose mijote et ça sent bon.

« Maman, c'est qui ? » C'est le député. Un peu d'inquiétude et un océan de questions silencieuses. Maman ? Une élue locale attachante, qui joint la pratique au discours. Engagée, dévouée, révoltée parfois. C'est elle qui s'est battue pour les accueillir ici, dans ce petit village des bords de gave, face au vent du scepticisme, aux digues d'hostilité bon teint de celles et de ceux qui trouvent que c'est bien, mais que c'est encore mieux chez les autres. Ici à Amou, comme une plage de Méditerranée. Lampedusa posée sur les berges d'un gave pyrénéen. Elle ne s'est pas ménagée et elle n'a ménagé personne. Revenant sans cesse à la charge. « Ah moi je suis morpionne ! », on peut même dire que c'est une emmerdeuse. Elle est comme ça. On l'aime comme ça. Et elle a le cœur contagieux et le talent pour allumer « de la lumière sur ces sourires éteints », beaux mots de Grand Corps Malade. Ça tombe bien, c'est de cela qu'il s'agit.

On m'a parlé d'eux, un bruit qui court, j'ai voulu les rencontrer. Je n'ai jamais aimé les sujets théoriques, les dossiers froids, les noms sans visage, les numéros de dossier ; j'ai besoin de me frotter au réel. Déjà, jeune sous-préfet, je ne tenais pas en place, j'avais besoin de renifler la vie, de sortir de mon bureau pour de courtes fugues administratives. Les voici donc, « mineurs non accompagnés », arrivés du fond de l'Afrique. Enfants de loin pays. Le feu sous les pieds et le sel aux lèvres, le cœur au sol et la peau sur les os. La faim, la soif. Ventre de camion et cale de navire, désert baigné de larmes et mer « semée de noyés », comme l'écrit Erri De Luca dans sa bouleversante « Prière laïque » dont le souvenir me noue le ventre à cet instant où je les regarde. Je les admire au fond. Des survivants. Une histoire d'errance et de souffrance. Chaque jour, demain se fait attendre. Marcher, nager, survivre. Entre deux rives. Entre deux vies. Les promesses de l'aube trahies par la nuit. Enfer d'Assamaka. Désert de Libye. Barbelés de Ceuta. Colonnes d'hommes comme du bétail. Perdus, éperdus. La rive à portée de souffle. Recommencer encore. L'Europe, enfin. Souvenirs enfermés derrière les paupières, cette histoire, aucun d'entre eux ne me la racontera et je ne poserai aucune question. Ils l'ont raconté tant de fois déjà. Sur toutes les rives et dans toutes les langues.

« Maman » me la racontera pour eux. Des silences et des ellipses, et, pour toute confidence, ces quelques mots qu'il me dira à voix basse : « J'ai vécu l'enfer, j'ai connu la souffrance au cours de ma traversée de la Méditerranée, je me suis battu pour survivre. »

13, rue du Château-Vieux. Un long bâtiment de deux étages. Une enfilade de fenêtres à petits carreaux. Il est celui qui prend la parole au milieu de ces amis d'infortune. Des tics et du trac, il se lance. Je crois entendre son cœur qui bat. Tout sourire, des yeux aux lèvres, impatient, joyeux, il me sert de guide, virevoltant. Une chambre après l'autre. Toutes. Les placards et les salles de bains, la cuisine et la salle commune. Il me montre tout. Il goûte l'instant avec fierté. Je l'interroge.

« Vous êtes bien ici ?

– Oui, monsieur le député.

– Qui cuisine ?

– C'est moi, monsieur le député.

– Vous avez assez de vêtements ?

– Oui, monsieur le député. »

Il dit « monsieur le député » avec gourmandise. À lui d'ouvrir la boîte à questions. « Vous habitez ici ? »,

« C'est quoi député ? », « Vous connaissez Macron ? » Rires. « Je le connais, oui, on est un peu fâchés... »

« Je viens de Guinée Conakry. » Grand jeune homme d'un petit pays, tout juste majeur désormais, un visage d'adolescent posé sur des épaules d'adulte, mince et le corps musculeux. Un maillot de basket sur un jean en deuil. De grosses baskets comme on en trouve aux pieds de toutes les jeunesses du monde. Je lis sur sa peau blessée le chemin long de sa courte vie. Cicatrices et brûlures... Il parle un beau français de mots choisis, parfois un peu vieillis. Molière aux accents mandingues. Il a eu « brillamment le DNB », me dit-il, le diplôme national du brevet. Il est aujourd'hui apprenti plombier-chauffagiste. Ça lui plaît, il est doué et ses enseignants sont satisfaits de lui.

« Un très bon semestre avec beaucoup de sérieux dans le travail », dit le bulletin de suivi de formation qu'il me tend, humble et fier. Satisfaits ? Le mot est faible. Il est le Petit Prince du CFA[1], un artiste de la soudure fine, un charmeur de cuivre, celui qu'on montre en exemple, la fierté de ses profs et plus encore de son maître de stage. Un brave artisan. Un peu rustre. Un peu tendre. Je les ai vus fondre en larmes dans les bras l'un de l'autre à la remise du prix d'un concours organisé par la chambre des métiers. Se regarder dans les yeux et pleurer encore en se disant merci l'un à l'autre. Un père et un fils, une mer qui se referme entre deux continents. Je me souviens d'en

1. Centre de formation d'apprentis.

avoir eu les larmes aux yeux, le cœur dans l'étau, entre fierté et colère, avec cette envie furieuse de hurler à tous les racistes imbéciles : « Vous avez vu ça ? »

C'est sa deuxième vie. Sa deuxième chance. Il la tient dans ses mains. Fragile. Il souffle dessus comme sur une braise pour qu'elle prenne. De toutes les manières. Il a des amis. Il a des projets. Il parle d'avenir, mais ça le ronge, ces silences et ces refus. Ces déserts qu'il traverse à nouveau. Les silences lui font mal, les refus le meurtrissent. Il ne peut ni passer le permis de conduire indispensable à l'ouvrier de nos campagnes, ni louer l'appartement que la perspective d'une embauche lui laissait espérer. Il rêvait d'un boulevard, il est dans une impasse. Un épisode plus que tout autre. Il me raconte ces pompiers venus en uniforme au CFA. Sauver des vies, venir au secours, être utile aux autres, rendre un peu de ce qu'on vous a donné. D'évidence, il doit en être. Sous cet uniforme qui fait briller les yeux. « Y aurait-il des volontaires ? » Il se souvient des mains levées, de la sienne plus haute encore comme de peur de ne pas être vu. Plus enthousiaste aussi. Et puis ce verdict, comme une gifle : « Sans carte de séjour, on ne peut pas vous prendre. » Il en a conçu une immense peine, un sentiment d'injustice et d'humiliation. « Mais que faut-il faire ? », me demande-t-il, lui qui place de grands espoirs dans mes interventions auprès de la préfète. Mais je suis malgré moi le visage de sa déception, le porteur impuissant des silences aux questions qu'il pose, de la glaciale mécanique administrative aussi. Et toujours la même réponse : « Je ne manquerai pas de vous tenir informé de la suite réservée à sa demande. » Il est arrivé à 16 ans, il va avoir 20 ans bientôt, et la peur qui grandit au ventre. Il ne sait plus, il a même écrit au président de la République ; mais cela n'a pas amélioré sa situation. « À qui d'autre pourrais-je m'adresser ? », me dit-il dans un soupir. Si Dieu ne peut pas plus que ses saints…

Je fulmine. Je bous intérieurement. Une vraie colère qui monte en moi. Je ne suis pas coutumier des coups de sang et d'une manière générale je n'ai pas le goût du conflit, mais là, c'est trop. Mes collaboratrices tendent l'oreille, vaguement inquiètes. Amusées aussi. Elles croient voir sortir la fumée de mes narines. On me passe la préfète. Son ton est courtois, le mien nettement moins.

« Vous êtes au courant qu'il y a de vraies gens derrière vos dossiers ? » Quatrième récépissé de demande de titre de séjour et autant d'appels à l'aide face aux silences de l'administration. J'ai tout sous les yeux et lui, ce grand gaillard, devant moi, accablé et désespéré. Voilà deux ans que j'écris et écris encore à la préfète, sollicitant à chaque missive « un examen bienveillant de ce dossier de demande de carte de séjour ». Voilà deux ans qu'elle m'assure me « tenir informé de la suite réservée à cette demande ». Une correspondance burlesque. Deux ans pour instruire ce maudit dossier ! Maudit, précisément pas. Plutôt simple au contraire, mais voilà, je le sens, je le sais. C'est banal et classique. Le temps n'est pas aux régularisations. Alors aux coups de menton de ministres qui montrent les muscles répond la tétanie des préfectures déchirées entre l'air du temps et la lettre de la loi. Je connais les ressorts de cette situation, pour l'avoir moi-même vécue, en d'autres temps et dans d'autres fonctions. J'en ai le souvenir précis. Par un heureux hasard administratif, en effet, ma carrière de sous-préfet fit escale dans ce département familial. Ce fut ma dernière réunion comme secrétaire général de la préfecture des Landes. Une convocation au ministère de l'Immigration, de l'Intégration et de l'Identité nationale. Discours martial du ministre devant les sous-préfets, petits doigts sur la couture du pantalon, lequel nous abandonne aux bons soins de son directeur de cabinet, et cette phrase dont j'ai encore le souvenir incrédule : « Les dossiers de regroupement familial, vous les oubliez au fond du tiroir. » C'est donc ça, ce qu'on appelle un « ordre manifestement illégal » ? m'étais-je alors interrogé devant mon préfet, faussement naïf. On y est aujourd'hui à nouveau, son dossier oublié au fond d'un tiroir. En dépit de la qualité et du dévouement des fonctionnaires, les récépissés se cumulent et les obligations de quitter le territoire s'accumulent. Tous azimuts. Parfois jusqu'à l'absurde. Ignorant des droits, écrasant des vies. Curieux, quand même, de plaider l'ordre républicain et d'organiser le désordre dans la République… Car c'est bien de cela qu'il s'agit, un droit des étrangers incompréhensible, des procédures inefficaces, un manque accablant de moyens des préfectures, des centres de rétention saturés et des obligations de quitter le territoire délivrées sans discernement et rarement exécutées… Le résultat d'un empilement désordonné de lois, vingt-neuf en quarante ans. Je me donne à moi-même cette leçon pour l'avenir : on légifère plus sur le droit des étrangers que sur le changement climatique, c'est dire l'ordre des priorités ! Le ministre peut bien se taper sur le torse, c'est un état de fait.

Et puis un jour, cette lettre, sans bien savoir ce qui, de notre colère, de la raison ou du droit, avait fini par l'emporter : « J'ai l'honneur de vous informer que la demande de monsieur D a été examinée avec bienveillance et a reçu une suite favorable. » Je la relis deux fois. Puis une troisième fois à haute voix pour que mes collaboratrices l'entendent avec moi. « Il bénéficiera prochainement d'un titre de séjour. » Quelle joie ! Quelle joie de courte durée. Comme sa carte de séjour elle-même. Il m'écrit son bonheur, sa reconnaissance, dans une lettre du cœur. Nous ne nous sommes pas lâchés. Et je ne le lâcherai pas. Mais il le sait, il le redoute, le combat n'est pas terminé. Qu'importe, il ne manque pas de courage. Il a dormi tant de fois nimbé dans le malheur qu'il ne craint pas de se réveiller avec le bonheur, même si le jour se fait attendre et le soleil timide. Il continuera à se battre, à rendre fiers et heureux ceux qui croient et espèrent en lui. Il sera le meilleur de la jeunesse et le meilleur de la France. Pour moi, il l'est déjà. Pour nous. Il y a lui, il y a « Maman », ses professeurs et son maître de stage. Il y a les Landes et les Landais dont il partage déjà la générosité. Il y a ce miracle. On a des milliers de raisons de rester dans sa maison, sa famille, son pays, et seulement quelques-unes d'en partir. Aujourd'hui, les Landes sont sa maison, sa famille et son pays. Il n'en partira pas.

Il n'en partira pas et nombre d'autres n'en partiront jamais. Je sais que c'est là aussi l'inquiétude grandissante de beaucoup de Françaises et de Français, dans la crainte sans haine de la « submersion ». Je n'esquive pas. Je sais l'affaire sérieuse et c'est bien là mon rôle, écouter, répondre, déconstruire, argumenter, convaincre. La politique telle que je la conçois, même si grand est parfois le sentiment de gravir une échelle sans fin et pas toujours adossée au bon mur. On cherche le bon barreau, il se dérobe. On croit progresser, on recule. J'ai fait terreau, c'est vrai, de cette trop belle histoire, me diront certains. Je l'ai racontée chaque fois que j'ai pu, cherchant les mots pour atteindre les cœurs et les arguments qui parleraient à la raison. Je me suis frotté au scepticisme comme à la franche hostilité. À la discussion qui fuit la discussion, à la formule définitive qui n'attend pas de réplique. J'ai trouvé la peur là où je ne la soupçonnais pas, le rejet là où je n'imaginais jamais le voir grandir, jusque parmi des amis fidèles, des soutiens indéfectibles à mes campagnes, et pourtant « très très Marine » aux élections présidentielles, comme celui-là me le dit un jour en confidence. Il ne supporte pas de voir les tentes de migrants le long des canaux de Paris, lui qui n'est jamais allé à Paris. Il préférerait encore qu'ils travaillent, concède-t-il dans un échange un peu désarticulé, chacun poussant ses pions. Qu'à cela ne tienne, qu'ils travaillent, en effet, qu'ils cotisent et participent à la solidarité nationale, qu'ils aient un salaire pour trouver un logement, qu'ils apprennent le français, qu'ils s'intègrent… Je ne propose pas autre chose, la régularisation des travailleurs sans papiers et une vraie politique d'intégration, que dis-je, d'inclusion. « Tu les as vus, toi, les cent vingt mille Ukrainiens qu'on a accueillis en trois mois en France ? », me demande-t-il. « Non, et on peut faire aussi bien pour beaucoup d'autres. » Silence mi-sceptique, mi-convaincu. Mais je le sais, il est aussi « très, très Boris », assez pour m'avoir écouté.

Lundi 13 juin 2022. Une carte postale toute de couleurs. Nous ne nous sommes pas vus ni écrit depuis un moment, un an peut-être. La préfecture rythmait l'essentiel de nos échanges. C'est un mot de lui : « J'ai regardé les résultats de la circonscription hier et j'étais très ému de vous voir en tête. Connaissant votre personnalité, cela me confirme que j'ai raison d'avoir confiance en vous. Je vous souhaite de tout cœur une victoire au second tour à vous et à la Nupes. » J'ai le cœur gonflé, la gorge serrée. C'est sans doute le mot reçu qui me touche le plus. Et ce *post-scriptum* qui emporte tout :

« J'espère pouvoir voter pour vous un jour… » Des mots d'Amou.

INTERMÈDE 7

La plume est acide et le ton peu amène. Pas tout à fait un brûlot, l'expression reste courtoise, mais il est manifeste que mon correspondant du jour nourrit à mon endroit une animosité non feinte. Il s'est donné la peine de partager avec moi et par écrit l'objet de son ressentiment et à tout dire de sa « colère noire ». À la somme des reproches formulés de façon indistincte à la classe politique, « déconnectée du pays réel », il ajoute le procès, sibyllin, plus particulièrement fait aux socialistes accusés d'avoir « déçu ». Une déception dont je soupçonne le caractère relatif, l'auteur de la missive ayant pris le soin de m'indiquer en incipit qu'il est « un homme de droite ». À moi, il réserve les flèches trempées au curare de son courroux et fustige, non sans quelques motifs, mon « obsession maladive de l'ISF ».
Il a, un peu bravache, ajouté en *post-scriptum*, un bref « au cas où vous prendriez la peine de me répondre »,

accompagné d'une adresse et d'un numéro de téléphone que je compose sans attendre. Sa voix trahit mal sa surprise et ma proposition de rendez-vous le prend au dépourvu.

Le voilà assis devant moi, des papiers noircis de notes sous les yeux, quelques graphiques, des articles de presse aussi. Il s'est manifestement préparé et je lui cède l'ouverture. Il avance, méthodique et sans agressivité, avec le désir sincère d'être compris. L'homme est affable, sympathique même. Il pousse un argument après l'autre comme des pièces sur l'échiquier, vérifiant du coin de l'œil l'effet de sa démonstration. Je connais son jeu avec plusieurs coups d'avance, j'ai l'avantage, et le sentiment de mener une partie gagnée d'avance. À son tour, il m'écoute. Hermétique et revêche d'abord, secouant mécaniquement la tête, le voici tour à tour dubitatif, interrogatif, intéressé par mes arguments et, en définitive, surpris de ne pas trouver face à lui l'obsessionnel maladif qu'il espérait. Il me regarde une dernière fois au moment de partir, il me remercie, esquisse un sourire, hoche lentement la tête, mais pas au point d'en faire un signe d'acquiescement, et achève par un « je vais réfléchir à ce que vous m'avez dit ». C'est déjà ça…

Christine and the Queens

« Dis donc les cheveux !!!! Passe vite fait, que je t'arrange ça ! » Mon autoproclamée « conseillère beauté ». Le SMS vient de s'afficher sur mon téléphone portable à peine ai-je terminé de poser ma question au gouvernement. « Tu me l'as mise en colère, Borne !!! » Je souris, un peu des Landes tape à la porte du palais Bourbon. C'est idiot, mais ça me rend heureux, cette discrète et amicale effraction. Elle m'a regardé, comme sa maman qui, elle, ne raterait pour rien ce rendez-vous hebdomadaire où elle espère m'apercevoir. Une fan de 90 ans qui a la photo de son « député préféré » sur sa table de chevet… drôle d'idée. Pas déçue aujourd'hui, elle me fait dire que j'étais très bien.

C'est la femme du chef du centre de secours. Bonemine version landaise, comme j'aime à la moquer. Rouleau à pâtisserie et nattes en moins. Une affectueuse coquinerie qu'elle reçoit d'un froncement de sourcil. Petit bout de femme. Coupe au carré, cheveux brun argenté et petites lunettes noires rehaussées de bleu. Son regard espiègle est incapable de dire autre chose que ce qu'elle est. Généreuse, sincère, attentive aux autres. Elle est la mère poule de la couvée des sapeurs-pompiers sur laquelle elle veille autant que son mari, un gaillard fort en gueule et fort en cœur. Elle est la cheffe d'équipe des *festayres* invétérés qui écument, joyeux, les fêtes patronales et qu'elle n'est pas la dernière à entraîner, de rires en danses, jusqu'aux petits matins. Elle est l'élue enthousiaste d'une fraternelle équipe municipale dévouée corps et âme à son village, une bastide des bords d'Adour, Terra Granata, avec ses arcades, ses maisons de galets et sa place plantée de platanes. Elle est plus que tout la louve aimante et protectrice qui veille sur ses trois enfants. Je les connais tous. Une fille, deux garçons. Deux filles, un garçon. Elle ne sait plus trop avec son « petit escargot » en transition de genre comme elle dit en tendresse… Christine and the Queens… Ici pas de « Tu seras un homme, mon fils », pas de cette « virilité abusive » que chante Eddy de Pretto, comme une blessure noircie de bagarres. Pas toujours simple d'être gay, lesbienne, trans dans nos campagnes. Communauté invisible. Identité indicible. « Ici, il n'y en a pas. » Paris et le désert français ? Non ! Peur d'être l'exception. Peur d'être « l'un connu » du village. Ce qui ne se voit pas n'existe pas. Alors on se cache un peu. Ne pas le dire, ne pas le paraître, le vivre loin des yeux… Elle me raconte tout, sans honte et même un peu fière. Elle me le dit presque étonnée. Quelle histoire, son histoire ! « Du moment qu'il est heureux et bien dans sa peau… » Alors elle se moque du qu'en-dira-t-on, « elle emboucane les cons avec leur air bonasse, leurs normales amours et leur morale en toc ». Son *Rimbaud flag.*

Elle est comme ça. Elle navigue en mère peinarde en chantant les copains d'abord. L'amitié, c'est pour elle un mode de vie autant qu'un code moral. La bienveillance, une façon d'être aux autres et d'être à elle-même. Son monde se partage entre les amis et la famille (tout juste ose-t-elle classer quelques autres dans la commode rubrique des « conos »). Et si l'on appartient à l'une de ces catégories, on a tôt fait d'appartenir également à l'autre. Une belle façon de regarder la vie. Elle devrait être comme ça, d'ailleurs, sans ombre. Et tant pis si ça n'est pas vrai, quand le ciel est gris, elle souffle sur les nuages.

Joyeuse sans toujours être heureuse, pourtant. Parfois, hélas… J'ai le souvenir de ce moment gris. Il est tard, plus tout à fait la nuit. Pas encore le jour. L'heure tardive a éteint même les plus ardents, les convives par petites grappes parlent à voix basse. Elle est là, fatiguée d'elle-même. Je suis à ses côtés avec quelques autres. Elle a été, comme souvent, l'hôtesse de nos amicales agapes. Elle soupire à plusieurs reprises comme pour prendre son élan. Elle hésite. Alors quoi ? « Je ne sers à rien », nous dit-elle. Son regard s'est voilé en même temps qu'elle prononçait cette phrase inattendue et je vois luire, comme la rosée sur la fleur, une larme au coin de son œil. Elle l'avait dans l'âme avant de la sentir aux yeux. Une bouffée de spleen. Je la guette, incrédule. Elle hésite encore. Elle renifle un peu. Lèvres pincées. Quelques sillons de plus sur son front dessinent un visage de tristesse. Elle a au fond d'elle quelque chose. À cette heure, dans le profond de la nuit, invétérés noctambules, les maux se réveillent. Alors elle parle. Se confie. À moi, plus encore qu'aux autres, qu'elle regarde droit dans les yeux et prend à témoin. Elle sait ma permanence chambre de complaintes, alors pourquoi ne pourrait-elle pas tout me dire comme d'autres ? Me parler comme à un ami pour me faire entrer un peu dans cette vie si loin de la mienne ?

Je le sais et je le mesure, on est toujours le produit de son histoire et de son milieu, au point de se confondre, parfois en tout point, dans ses habitudes, ses codes, ses façons d'être et de penser, avec lui. Bien sûr, il y a la famille, les copains aussi, surtout ceux de l'enfance lorsqu'on a la chance de les avoir encore, pour vous dire « souviens-toi » et vous rappeler que d'autres mondes existent, mais le vôtre, fait d'engagements théoriques et de valeurs jamais totalement éprouvées, finit par se replier sur vous. Un monde à peu près ignorant de « l'autre », celui qu'on ne connaît pas parce qu'on ne le croise jamais ou si peu, parce qu'on ne partage rien de sa vie, comme une cataracte sociale.

Si j'ai toujours résisté à cette pente, fui les coteries et l'entre-soi, cultivé les amitiés d'enfance, recherché toujours la proximité d'avec la « vraie vie » plutôt que l'enfermement, ma vie, professionnelle surtout, ne m'a pas totalement préservé, comme elle n'a pas épargné cette gauche, réduite à n'être plus que celle des gens qui vont bien. Celle-là avait perdu de vue le peuple. Avait perdu la vue tout court. L'élection, en tout cas pour moi, est un bain. Elle m'a plongé dans la vie des autres d'une façon que je n'avais pas imaginée, non pas pour la faire mienne, ce serait mensonge, mais pour la regarder en face, la comprendre, la partager et souvent m'y trouver heureux et plus à mon aise même que je ne l'aurais imaginé. Chacun d'entre nous est, paraît-il, à six poignées de main du président de la République, mais à combien de mains est-il, lui, des Français ? Comment les aurais-je moi-même rencontrés autrement que comme un bourgeois qui ne connaît le peuple que par ses domestiques ? Je le dis sans orgueil aujourd'hui, je suis heureux de ces amis dont la vie, si elle n'avait opéré ce détour, aurait pu me priver. Il y aurait eu, je le sais désormais, quelque chose d'incomplet dans mon existence, un manque dont je n'aurais sans doute jamais su de quoi le combler. Elle me plonge dans sa vie et j'y nage un instant.

« J'adore mon boulot ! et je suis pas feignante, hein… » Elle l'affirme pour que personne n'en doute. Elle aime son métier mais elle ne peut plus le faire. Pas comme ça. Pas si vite, pas si mal. Sa vie est là pourtant. C'est peut-être même ce qui lui donne un sens. Elle est intrinsèquement ce qu'elle fait. S'occuper des autres comme elle s'occupe désormais de sa vieille mère. Avec attention, avec affection. Avoir les gestes, l'oreille, les mots. La note aussi, de ces chansons du pays qu'elle fredonne et qui ravivent la mémoire. Parler à chacun, même à ceux qui ne parlent plus. Écouter chacune. Elle décrit les choses avec infiniment de minutie, partageant à cet instant avec cœur ce quotidien qu'elle croque autant qu'il la dévore. Capter un regard, entendre un silence. Un bras, puis l'autre. Le dos et les jambes. Un gant d'eau tiède sur une peau fragile. Un peigne dans des cheveux blancs. Une toilette minutieuse et patiente. Autre chose que de « torcher des culs » comme on me le dit parfois… Une biscotte que l'on beurre, une tasse que l'on porte à la bouche. Pas trop chaude. Une cuillerée après l'autre. De petits morceaux pour de petites bouchées. Un moment de réconfort. De partage. D'humanité. De rire et de tendresse aussi. Cultiver le goût de la vie quand on en perd un peu le goût.

La dernière demeure avant la dernière demeure. Elle aime ces moments où rien n'existe d'autre que ce lien ténu. Fragile et en définitive éphémère. Elle le sait. Tout finit par s'éteindre. Elle en a fait plusieurs fois l'expérience et c'est toujours aussi douloureux. « Je ne devrais pas m'attacher mais je m'attache. » Au moins se dit-elle qu'elle aura été là, avec ses collègues, parfois plus que les familles elles-mêmes et certains, d'ailleurs, n'en ont aucune. Elle en parle avec retenue, avec pudeur, dans un haussement d'épaules. « On ne s'habitue pas », me dit-elle, comme s'il s'agissait d'une faiblesse coupable… Faire l'expérience de la vulnérabilité, du deuil toujours recommencé. Mourir, voir mourir. Je mesure à cet instant ce que cela peut représenter. Un vertige. Y a-t-il un protocole, un rituel, un moment de recueillement ? Accueillir les familles, l'annoncer aux autres résidents (pas toujours), en parler entre collègues, déposer un bouquet ou allumer une bougie ? Un océan de questions critiques et d'angoisses existentielles. Elle me parle et je pense à mes grands-mères. À mes parents aussi. À moi, pourtant assez peu versé dans les réflexions existentielles, et que l'idée que « la mort n'est rien », au fond, rassure. Mais comment pourrait-elle s'habituer ? Le faut-il seulement ? Il y a là les grands-mères et les grands-pères du canton. Certains lui ont donné la main quand elle était enfant, elle leur donne la sienne aujourd'hui. Elle égrène leurs prénoms avec un tendre commentaire pour chacun, « Simone, c'est la doyenne, elle tenait le tabac », « Aimé, tu sais c'est le grand-père de Justine », « Albert, il parle plus », « Jacqueline, ah ! elle, c'est une coquette ». Elle est avec chacun telle que je la connais. Il y a quelque chose de rassurant à l'imaginer.

Elle est ce qu'elle fait et ça la rend fière. Elle aime son métier et le travail heureux. Mais elle ne peut plus le faire. Pas comme ça. Pas si vite, pas si mal. Elle me le dit encore sans plus avoir la force d'être en colère. Elle ne les maltraite pas, mais elle les traite mal. Assurément. Plus le temps. Plus la manière. Trop peu de collègues. Des absences et des postes vacants. Les vocations manquent et les doutes s'installent dans les têtes. Continuer ? « Ça craque de partout. » Elle craque de partout. Des épaules et du dos surtout, mais ça lui fait mal au fond d'elle. « Je suis lente », me dit-elle, rattrapée par un sanglot.

C'est ce qu'on lui dit. Enfin, sa directrice. À cet instant je songe à ces mots de Balzac, « on reproche sévèrement à la Vertu ses défauts, tandis qu'on est plein d'indulgence pour les qualités du Vice ». C'est à n'y rien comprendre. On lui demande d'accélérer… Alors elle accélère comme elle parcourrait une route familière sans plus la reconnaître tout à fait. Elle ne se reconnaît plus tout à fait elle-même. Elle n'a plus les gestes, elle n'a plus les mots et les résidents n'ont désormais dans sa bouche plus de visage ni de nom. Elle accélère. Le geste devient mécanique, la parole automatique, le soin machinal, la toilette robotique. Un travail d'humain fait par une machine, à moins qu'il ne s'agisse d'un travail de machine fait par un humain. Un travail de femme assurément. S'occuper des gosses ou s'occuper des vieux… Aide-soignante, auxiliaire de vie, aide à domicile, assistante maternelle : un travail de « bonne femme », longtemps resté derrière les murs des maisons, travail gratuit des mères de famille, un vrai métier pourtant, mal payé et mal considéré. Le travail des filles du coin, celles qui « tiennent la campagne » pour reprendre le titre du joli ouvrage de Sophie Orange et de Fanny Renard, comme elles ont tenu le pays debout. Des femmes essentielles pour des métiers essentiels. Comment s'en passer ? Des femmes du lien, celui qui nous manque tant. Je la regarde. « T'aimerais que je te fasse ta toilette en cinq minutes, toi ? – Beaucoup. » Fou rire partagé. Ses yeux se rallument. « T'es un cono toi aussi ! »

INTERMÈDE 8

C'est lui qui a demandé à me voir. Il a les yeux gourmands et les gestes maladroits. Le nez planté au ciel, le sourire accroché à la bouche comme un croissant de lune et des bras trop grands pour lui. Sa main gauche se cramponne à sa main droite. Ses doigts jouent du piano. Il dodeline, comme bercé de vagues invisibles. Dans les yeux de sa mère qui le couve d'une affection silencieuse, il se regarde. Il flotte dans l'air un moment de coton. Il hésite, elle l'encourage. Lui lâcher la main. Marcher seul. Un pied, puis un autre.

« J'ai un trouble du spectre autistique je voudrais faire un service civique la directrice de l'école est d'accord je voudrais monter un GEM un groupe d'entraide mutuelle vous connaissez ? c'est difficile vous pouvez m'aider ? » D'une phrase impatiente et décousue, sans point ni virgule, il m'entraîne dans son monde.

Il y a quelque chose en lui de lumineux, de joyeux, d'ardent. Un feu dont on sent la chaleur et dont on voit la flamme. Une force du dedans. Rien ne semble pouvoir faire obstacle à l'impétuosité de ses rêves. Il parle de l'autisme pour lui et pour les autres. Il empile les idées et additionne les projets. Un feu d'artifice désordonné. Mais un feu d'artifice quand même et, derrière son brouillard, un cap. Il cogne le réel à la manière d'un forgeron battant le fer. Fragile Vulcain, il forge, comme si l'obstacle renforçait sa détermination. Tout en lui le chante, « Il faut aimer la vie, même si… ».

Marchand de soleil

Lorsqu'elle quitte ce jour-là ma permanence, dans la lumière dorée de ces demi-soirs d'automne landais, la table autour de laquelle nous nous sommes assis est inondée de larmes. Tout ce qu'elle avait au fond d'elle a fini par déborder. Des larmes comme des mots posés là que je contemple, incrédule, dans le silence sidéré qui suit l'orage. Je songe en cet instant à ces vers de Musset plus jamais entendus pourtant depuis l'enfance, que je dis à haute voix : « Le seul bien qui me reste au monde est d'avoir quelquefois pleuré. » Je suis essoré, manifestement mes collaboratrices aussi. Mes assistantes sociales, mes défenseuses des droits, mes médiatrices de la République, mes juges de proximité… Elles sont tout cela et bien plus encore. Deux femmes remarquables d'intelligence et de générosité. Douze vies et des journées de quarante heures. Élues, militantes, engagées dans la vie associative, mères de famille sans jamais oublier de demeurer des amies fidèles.

Et comme si ça ne suffisait pas, du jeudi au dimanche, invariablement, elles ont leur député en « garde partagée » avec leurs dévoués collègues parisiens, disent-elles en souriant dans un soupir faussement exaspéré… Elles ont fort à faire pour me supporter, supporter mes doutes parfois ou tempérer mon enthousiasme souvent, pour gérer l'impétuosité de mes envies de faire bouger les choses qui s'empilent quelquefois en une curieuse architecture de projets, et pour canaliser aussi le côté gentiment désordonné de mon caractère. Elles sont, dans l'organisation même de mon temps, la rigueur qui me manque, allant jusqu'à m'imposer le repos ou prendre mon épouse à témoin de la nécessité de prendre un peu de temps pour ma famille. Elles sont les premiers visages rassérénants que je vois lorsque j'arrive à ma permanence, chacune à son bureau et à sa tâche, invariablement souriantes. Il y a quelque chose d'un bonheur simple de nous retrouver. Elles sont rassurantes. Elles m'apaisent. Comme à chaque fois, je m'assieds à la table ronde entre leurs deux bureaux. Pile de courriers et d'invitations auxquelles nous devons répondre. Parapheurs en attente d'être signés d'un stylo-feutre Paper Mate, pointe moyenne, encre noire. Ma petite obsession… Elles me racontent, tantôt avec malice, tantôt avec gravité, les événements de la semaine, les conversations parfois interminables qu'elles ont eu la patience d'avoir avec ceux qui, après moi, sont confiés à leurs bons soins. Un point sur chaque dossier, sur chaque vie. Précises et méticuleuses. Ça avance et parfois ça n'avance pas…

On reprend ensemble nos batailles sans jamais lâcher. J'ai pour elles aujourd'hui autant d'admiration et de reconnaissance que d'affection. Elles sont de ma vie et dans ma vie. Des amies. Elles veillent sur moi, et d'une certaine manière je veille aussi sur elles. Je crois que nous ne nous sommes pas tout à fait choisis par hasard, elles ont cette attention aux autres, cette bienveillance et cette générosité qui donnent confiance en l'humanité. Tant qu'il y aura des gens comme elles, je n'aurai pas le droit de me décourager et moins encore de dire « C'est foutu ». Et si je m'y avise, j'ai tôt fait d'être rappelé à l'ordre, avec le soutien de l'escouade parisienne, comme en ce printemps 2022 qui suivit les élections présidentielles : tous prirent des congés pour venir soutenir une campagne que j'engageais désenchanté et que je terminerais, grâce à eux, exalté.

Plus d'une heure, je me suis accroché à ses mots, à ses hoquets, à ses sanglots, ne la quittant pas des yeux de peur de la perdre. Comme une femme à la mer, jetant la bouée encore et encore, tenant la corde depuis la rive. Rien ne me désarme plus, en vérité, que ces flots d'émotions brutes et désespérées. Alors, je m'accroche moi aussi dans ces moments qui secouent, mais qui donnent incontestablement à ma fonction la densité humaine sans laquelle je ne peux pas être… La permanence est vide, mais il reste un peu d'elle. Je le sais d'expérience, celles et ceux qui passent ma porte laissent ici un peu d'eux, comme gravé au tronc d'un arbre, un quelque chose qui me chuchote « Souviens-toi ». C'est pour eux que j'écris.

Précédée de notre voisine, une généreuse émissaire à l'embonpoint rassurant de nourrice sans laquelle, sans doute, elle ne serait jamais venue jusqu'à moi, elle a poussé ma porte. Combien sont-ils d'ailleurs, celles et ceux que je ne rencontrerai jamais ? celles et ceux dans l'ombre même des « invisibles » que je ne vois pas. Dans l'ombre de leurs ombres qui m'ignorent. Si loin. J'ai le sentiment amer qu'ils m'échappent autant que je leur échappe. Je crois pouvoir dire pourtant que j'écume cette terre au plus près de la vie des gens, de village en village, comme un peigne. De porte en porte, de fête en fête, de match de basket en course landaise, de foire agricole en vide-grenier, de la plus petite assemblée générale d'association à la plus grande féria, à m'en étourdir parfois. Ce qui fait dire à mon fils, qui n'en croit rien, que ma vie est une succession de fêtes… Mais je le sais, ils ne sont pas là, ils ne sortent pas, ils ne m'ouvrent pas et ne savent pas même qui je suis. Ce sont eux pourtant que je cherche, le chaînon manquant de la politique.

La vie lui a donné cet air. Elle est là, toute de misère, coiffée au souvenir lointain d'un brushing, les yeux au poinçon s'excusant silencieusement d'un imperceptible mouvement de paupières derrière de gros verres de lunettes, les mains agitées qui se croisent et se décroisent dans l'anxiété que lui inspire manifestement le moment. Les traits de son visage sont tirés et tristes. Soixante-cinq ans peut-être. Teint pâle sous la peau rosie. Elle respire fort, un léger sifflement. Dans l'air comme une odeur mêlée de sueur, d'éther et de bétadine. Ça sent l'hôpital. Sans même que les mots n'atteignent ses lèvres timides je le sais. Elle est à bout. De verre et prête à se briser. Les prodromes d'un grand abattement. Elle s'assied, notre voisine à côté d'elle, qu'un sourire tente de rassurer, sa main droite dans sa main gauche maintenant. Je souris aussi. Je badine avec méthode pour détendre l'atmosphère. L'habitude. Quelques mots sur les travaux devant ma permanence, la grande œuvre du maire, qui transforment chaque rendez-vous en une expédition comique : sauter une barrière, marcher sur des planches de bois, un talus de gravier… Un côté fort Boyard et moi en père Fouras. Ma porte enfin. Elle se détend, elle sourit, elle soupire. D'un hochement de tête, d'un discret encouragement, je lui donne le signal de ses premiers mots. Elle ne sait pas par où commencer. « J'ai combien de temps ? », me demande-t-elle d'un air contrit, comme si son histoire n'en méritait pas vraiment. Comme si le mien aussi avait plus de valeur que le sien. C'est peut-être là d'ailleurs, dans cette idée que certaines minutes compteraient moins de secondes que d'autres, que commencent les inégalités. On ne manque jamais de temps mais souvent, en revanche, on manque au temps. Je l'écoute.

Elle a tout perdu, elle n'a plus rien, me dit-elle. Ses affaires étaient là, sur le seuil. À l'abri. Elle avait été autorisée à les y laisser. Le temps de se retourner, de trouver une solution. Ses papiers, tous ses papiers. Ses papiers personnels. Des lettres et des photos. Ses souvenirs et ses regrets aussi. Des photos de famille surtout, des photos de ses enfants, comme dans le poème de Proust, les étoiles éteintes du ciel de sa mémoire. Où sont-ils d'ailleurs, ses enfants, dont elle me dit au détour d'un souvenir perdu qu'ils sont grands maintenant ? Mon imagination vagabonde ; sans rien perdre de son récit, j'échafaude des théories sans oser lui poser tout à fait la question. Peut-être sont-ils fâchés ?

« On n'est pas très proches. » L'ont-ils abandonnée, à moins que ça ne soit elle ? Savent-ils seulement la détresse de leur mère ? « On se parle plus trop. » Où sont-ils ? « J'en ai un peu partout, la dernière est à Mont-de-Marsan. » Y a-t-il un père quelque part ? « Deux », en fait, mais en réalité plus aucun depuis longtemps. Une vie de maman seule, une vie de « maman solo », comme nous en croisons toutes et tous dans nos circonscriptions au point d'en avoir fait un sujet partagé de travail à l'Assemblée. Une vie d'embrouille et de débrouille. Une vie de petits boulots trop justes pour les petits bonheurs. La voici seule. Loin des yeux et loin du cœur des siens. Faut-il avoir été une mauvaise mère pour mériter de mauvais enfants ?

« Plus rien. » Ses vêtements aussi ont disparu. Elle les avait choisis, désormais on lui en donne. Pas toujours sa taille, pas toujours son goût… « Voilà ! », elle tire sur son débardeur un peu trop large et plus tellement blanc. Elle poursuit comme on fait un inventaire de magasin. Avec minutie. Elle n'oublie rien. Une liste à son assurance. Enfin, si elle en avait une. Des chaises, des couvertures, de la vaisselle aussi. Deux tableaux. Quelques draps. Les meubles, en revanche, n'étaient pas à elle. Ils ont tout mis à la décharge… Ça l'attriste. Enfin pas le frigo, lui était neuf. Elle en est certaine, on le lui a volé. Ça la révolte. Tout le reste n'avait de valeur que pour elle, mais le frigo, lui, avait un prix, « deux cents euros », me dit-elle ! Elle venait de l'acheter… Je peine à la suivre sans oser pourtant l'interrompre. De quoi parle-t-elle ? De qui s'agit-il ? Elle y vient enfin, par bribes, les petits cailloux de sa pensée. Les loyers payés parfois, les loyers payés un peu puis plus du tout. La compréhension puis l'incompréhension. La patience puis l'impatience de ses logeurs. Les menaces aussi. Il faut payer ! Il faut partir ! Elle, perdue. Plus d'argent. Pas de solution. Personne à qui parler. Le juge. L'huissier. Le gendarme. On l'a mise dehors. Elle a pris ce matin-là le chemin familier de l'épicerie sociale. Le seul qui la menait quelque part. Je l'emprunte quelquefois aussi ce chemin, celui des épiceries sociales de mon territoire, du Secours populaire ou des Restos du cœur. C'est mon baromètre, j'en ai besoin. J'y retrouve les bénévoles affairés et effarés de cette pauvreté qui gonfle comme la marée. Les « On n'a jamais vu ça » succèdent aux « C'est de pire en pire ». Des retraités, des travailleurs pauvres, des femmes surtout, des jeunes aussi. C'est nouveau et c'est chagrin. Alors comme beaucoup, parce que je le peux, je remplis les chariots de la banque alimentaire à chaque collecte d'un côté et, de l'autre, je vote les aides supplémentaires aux associations caritatives à l'Assemblée nationale, dans un sentiment de traiter les maux plus que le mal…

Maintenant, elle vit « avec un chien et comme un chien », me dit-elle. Au milieu de la saleté, des poubelles qu'on ne descend pas et de la vaisselle qui s'empile. Elle ne paie pas de loyer mais on lui « vole » son RSA. Enfin, pas exactement. On le lui prend, les quelques courses qu'elle fait pour elle, le lait, le pain, le café, on les lui prend si bien qu'elle n'ose plus rien mettre au réfrigérateur. On a même voulu donner au chien le coquelet qu'elle avait acheté. « Elle me dépouille », dit-elle de la femme qui l'héberge. Son fils aussi, qui ne quitte pas le lit, qui ne quitte pas l'écran. « Il dort toute la journée. » Elle n'en peut plus, c'est trop dur. Il faut lui trouver une solution. Elle veut partir, « vite ! ». Je reste suspendu, sans tout à fait comprendre, à ces mots lâchés au milieu des larmes qui ne s'arrêtent plus de couler. On va saisir l'office HLM. Promis. On va se revoir. J'irai la voir.

Voir de mes yeux. Une marchande de sommeil sans scrupules, une profiteuse de misère, une abuseuse de faiblesse sans vergogne. J'en suis sûr et j'en bouillonne. Je la vois, la crasseuse pension de Mme Vauquer, je la sens la noirceur d'âme de la Thénardier, la méchanceté de Lady Tremaine. La vie est quelquefois capable de cruels raffinements. J'imagine déjà sa triste soupente, sa turne de souffrance, sa taule… J'avance à l'heure dite vers le lieu-dit. Du pas décidé du redresseur de torts, j'en ai déjà touché un mot aux gendarmes. Me voici au pied d'un petit immeuble, façade un peu défraîchie. Ni beau ni laid. Le même à gauche, le même à droite. Les mêmes coulures de pluie aux angles des fenêtres. Une enfilade aux portes numérotées. Tout ressemble à tout. Je sonne. Des aboiements me répondent. Ça s'agite derrière la porte. Un bruit de verrou. Dans l'entrebâillement un visage de femme, les cheveux négligés sur les oreilles, les yeux cernés, le nez retroussé et la bouche mince. Je ne sais pas qui elle est. Je m'annonce, elle referme la porte, enferme le chien dans le garage. Elle ouvre en grand, me désigne la femme que je viens visiter et file dans l'instant. Une ombre. À peine le temps de l'entendre dire « Je vais au resto ». Une fuite.

Elle m'a prévenu de venir avec un masque, il est dans la poche de ma veste mais je n'ose pas le sortir. Pas envie d'avoir l'air de visiter une léproserie un coton camphré sous le nez. Et puis, c'est l'air qu'elle respire alors pourquoi pas moi ? J'entre, l'odeur est, en effet, pestilentielle. Urine, ordures et chien mouillé… Je respire par la bouche. Elle me prend à témoin dans cette courte visite. L'antivisite pour être juste, à rebours du « tout confort, proche tout commerce ». Poils de chien par grappes dans les moindres recoins où la poussière s'entasse, fatras de linge dont on ne saurait dire s'il est propre ou sale, montagne de couvertures sur un canapé dont l'usage est manifestement celui d'un lit, monceau d'objets divers accumulés – « Elle a le syndrome de Diogène, elle garde tout », me dit-elle –, caisses éventrées tenant lieu de rangement, la moisissure du plafond qui le dispute à la graisse du plancher ; cuisinière hors d'âge, évier inaccessible d'assiettes miraculeusement empilées jusqu'à hauteur de tête… Une crapaudière. « Ici règne la misère sans poésie », comme l'écrit Balzac dans *Le Père Goriot*. Une petite pièce dont elle pousse la porte, pourtant, sent le propre ou presque. Encombrée mais rangée, des piles ordonnées de vêtements et de boîtes à chaussures, un lit bien fait sur lequel est posé un oreiller manifestement remplumé d'un coup de main. Une table basse avec des médicaments, une fleur de papier. C'est sa chambre, c'est ce qui lui reste de sa vie d'avant. Le chien aboie à travers la porte. « Il n'est pas nourri, il est maigre comme un coucou, me dit-elle. J'ai appelé la SPA mais elle n'a pas voulu ouvrir la porte. » Il y a des puces aussi… Nous sortons sur le seuil du petit immeuble comme on sort d'apnée. L'air pur enfin. Je reste un instant interdit. Elle me regarde, l'œil triste, la bouche désolée et le visage renfrogné d'un air de dire : « Vous comprenez mon calvaire ? »

Je comprends en effet et je me sens imbécile. Il n'y a pas ici de Vauquer, pas de Thénardier ni de Mme de Trémaine. Ici, tout suinte le malheur. Ici, la misère loge la misère. Elles vivent, ainsi, sœurs en pauvreté et jumelles d'infortune. Elles se sont rencontrées à l'épicerie sociale ou « aux Restos » (Suis-je bête ! Me voilà qui comprends enfin…), l'une ressemblait à l'autre, à toutes ces femmes qui ont eu un malheur. L'une avait un toit, l'autre n'en avait pas. Deux âmes seules valent mieux qu'une. L'histoire simple de vies compliquées. Ça lui a fait du bien de me montrer,

Sa vie mais aussi la leur. Elle s'inquiète pour le chien, pour cet adolescent, là-haut, que je n'ai pas vu, pour cette femme aussi. « Elle a besoin d'être aidée », me dit-elle, se dissociant subtilement de sa camarade de malheur, comme si son corps était là mais que son esprit s'envolait ailleurs dans le monde de ceux qui ne vont pas si mal finalement…

Je rentre à ma permanence le cœur un peu lourd, un peu amusé aussi des derniers mots échangés. Je vais écrire à l'office HLM. Appeler même. Il faut la sortir de là. « Vous avez vu ? Je n'ai même pas de vraie fenêtre. Je voudrais une chambre exposée sud. » Elle a raison, il faut savoir être exigeante avec la vie, surtout quand elle est dure. Marche ou rêve… On va faire ce qu'on peut, surtout. « Une chambre exposée sud », pour que la lumière entre dans sa vie. Me voici marchand de soleil.

INTERMÈDE 9

Il y a ceux qui finalement ne viennent pas et celles qui reportent. Ceux qui arrivent en retard et celles qui sont à l'heure. Lui est arrivé en avance et il ne feint rien de son impatience. Depuis trente minutes déjà, il petit-petonne devant la permanence, mal assuré sur ses deux jambes maigrelettes. Par chance, le soleil est là. C'est un vieux monsieur, le cheveu blanc coquettement plaqué sur le crâne. Veste légèrement défraîchie, cravate, pochette et mocassins. Il porte beau. Il s'arrête, il repart, il consulte, maniaque, sa montre avant de replonger le poing profondément dans sa poche. Le voilà planté à quelques mètres, les mains sur les hanches. Il a quelque chose d'un automate dont on aurait trop remonté le ressort.

Enfin l'heure. Il fond sur ma porte dans un ralenti mécanique qui me laisse le temps de lui ouvrir. Large sourire. Amabilités d'usage. Salutations respectueuses à mes collaboratrices. Nous voici enfin face à face et tandis qu'il déplie méticuleusement la feuille qu'il vient de sortir de sa poche, c'est « une affaire de redressement fiscal de cinquante-cinq millions, me dit-il avant d'ajouter, j'en avais parlé à votre prédécesseur, qui devait me recevoir, mais il est mort entre-temps ». L'urgence, d'un coup, me paraît relative et je ne suis plus sûr de l'impatience dont je pensais avoir été le témoin il y a un instant encore. Henri Emmanuelli nous a déjà quittés depuis sept ans… Je mesure à cet instant avec une netteté jamais égalée le sens de la formule : « succéder à… ».

Cinquante-cinq millions, donc, voilà tout de même une sacrée affaire ! Tout est là sous mes yeux. De son doigt, il souligne. Cinquante-cinq millions… de francs. D'anciens francs, même. Je hasarde avec une circonspection dont il serait aveugle de ne pas mesurer la profondeur un « De quand date le redressement ? » auquel il me répond, faussement naïf : « 1982… c'est trop tard ? », avant de conclure de lui-même : « Je m'en doutais, mais on m'a dit que je serais bien reçu chez vous. »

Qu'à cela ne tienne !

La seconde vie de son père

La vie, brutale et cruelle, a choisi un jour pour lui, alors il est là, comme chaque matin, derrière le comptoir de grès blanc, au milieu de vieilles boîtes à fromage publicitaires qui disent un peu du temps qui passe, immobile. Le décor est immuable comme la chambre d'un disparu qu'on n'aurait pas osé toucher.

Des chaources à la croûte fleurie et des brillat-savarin tout de crème d'un blanc presque parfait, des camemberts au lait cru s'abandonnant avec langueur et des saint-féliciens craquelés, coulant comme une lave... Pâtes dures, pâtes molles. Au lait cru ou pasteurisé. Ici l'orange mordoré d'un langres, là le gris cendré d'un sainte-maure-de-touraine. Des bleus, d'Auvergne ou des Causses. Un magnifique roquefort... Odeur discrètement âcre et délavée de brocciu, saveur puissante de maroilles « au fond des narines et déjà plus goût que parfum », écrit Gide dans *Les Nourritures terrestres*. Une histoire de France, de la table de Charlemagne à la patrie de Diderot. Une histoire sociale, fromages double-crème pour les riches et fromages écrémés pour les pauvres. Fromage de roi et roi des fromages réconciliés dans la Révolution : « Le fromage de Brie, aimé par le riche et le pauvre, a prêché l'égalité avant qu'on ne la soupçonne possible. » Un Tour de France avec ses étapes de plaines et de montagnes. Ici, les Pyrénées. Vache ou brebis. Vallées d'Ossau, d'Iraty, d'Aspe, de Bethmale… Chaque fromage porte le nom de son producteur. Didier, Chantal, Dominique…, fromages pointus, forts en goût et longs en bouche. C'est beau, quelque chose d'un Arcimboldo désordonné et férocement laitier. Une certaine idée de la France, aussi, qui ne me déplaît pas. Je dois ici faire confidence de l'amour immodéré que j'ai pour la table, et que s'il est en moi un rêve à accomplir, c'est bien celui de devenir cuisinier et si, ma foi, je devais gagner l'Élysée côté cuisine, je ne m'en désolerais pas. De ce point de vue, je ressemble à ma terre d'élection et à ceux qui y vivent. Il y a en nous plus de Porthos que d'Aramis, définitivement cadets de Gascogne bercés de la cuisine des mousquetaires. Il y a dans notre Panthéon de Landais une femme au-dessus de toute autre : Maïté.

Il a le même tablier blanc immaculé, la bretelle à l'épaule droite, noué à l'identique, sous le ventre plus que sur la taille, comme son père avant lui. Une affaire familiale. Une affaire de famille. Fromager-affineur comme son père, un destin. Le possible comme une certitude depuis l'enfance. Ni un malheur ni un bonheur, juste la force irrépressible de ce qui doit advenir. L'apprentissage, le CAP, le brevet professionnel. Apprendre un métier. Faire ses classes. Voir du pays. Le premier patron, le premier emploi. Se faire une vie à soi. Ne pas être la seconde vie de son père… et pourtant, c'est bien la vie de son père qu'il vit désormais, presque mimétique. Un père adoré, un père de granit, un chêne à l'ombre géante, de celle qui vous couvre de bienveillance comme une aile. Un père disparu trop tôt. De quoi douter de tout, jusqu'à l'existence de Dieu, me dira sa mère dans une confidence, une confession dite à voix basse. Par chance, il aime son métier. Il est là, donc, sa mère à côté de lui, derrière la vieille caisse enregistreuse Olympia, impeccablement mise, le visage un peu dur sous un sourire qu'elle distribue généreusement à celles et ceux qui franchissent le seuil de la boutique. Veste rose ajustée et tablier blanc. Elle est là. Il est là, comme son père avant lui. Reprenant la vie suspendue d'un autre. La vie à l'identique.

Il a demandé à me parler. Je suis venu le voir. Nous sommes passés dans l'arrière-boutique, comme on entre au confessionnal, pour se parler à l'abri des regards et à voix basse. « C'est idiot, mais j'ai honte », me dit-il. Sa mère est restée derrière le comptoir. Il a sorti toute sa comptabilité, que j'épluche, méticuleux. Le covid est passé par là, la clientèle, de moins en moins. Pas si « essentiel », le fromage, en temps de crise… Les affaires n'allaient déjà pas fort, à peine de quoi se dégager un petit salaire et pas même tous les mois. Je le regarde, ce « petit patron » qui se débat, cette figure du prolétariat entrepreneurial auquel ni l'histoire sociale ni la politique ne rendent vraiment justice. Pas question d'avoir un employé, un apprenti parfois, mais plus depuis longtemps. Sa mère, c'est du travail gratuit sans lequel il ne saurait pas faire. Une retraitée de « papier ». La concurrence, c'est à peine s'il l'a vue venir. Comme un poison lent. Le marché du mercredi ? Il était là bien avant que son père ne s'installe. Il y a bien ce petit épicier dans la même rue, il faut bien le reconnaître plus dynamique et plus inventif. L'avantage de la jeunesse peut-être. Il y a surtout ces trois grandes surfaces à l'entrée de la ville, dégueulant de ces « choses » dont parle Perec dans le roman du même nom, gavant les appétits de consommation jamais véritablement rassasiés, un consumérisme qui promet plus qu'il ne donne jamais. Il en meurt depuis longtemps.

Le chiffre d'affaires ne ment pas. En berne, avec des marges réduites à leur plus simple expression. Difficile de tenir dans ces circonstances. L'angoisse monte quand les revenus baissent, comme une bataille perdue d'avance vers laquelle il s'avance. Il me le dit le regard baissé. Il s'endort dévoré d'angoisses, les peurs qui se grossissent de la nuit ; il se réveille perdu, avec ce sentiment d'irrémédiable solitude. Ses jours ne sont pas plus beaux que ses nuits. La banque qui l'appelle chaque jour, elle qui ne l'a pas appelé pendant dix ans ; c'est la banque de l'entreprise familiale, déjà celle de son père, jamais aussi matinale et disponible que pour lui demander quand il compte « couvrir son découvert », autorisé pourtant, lui qui n'en a jamais eu. Le rendez-vous un soir, presque nuitamment, à l'agence du « Créditagricole » – en un seul mot, comme il le prononce –, avec le conseiller, qui n'a de « conseiller » que le nom, plus déterminé à défendre la banque qu'à aider son client, le cas échéant à le plumer avant qu'il ne soit plus du tout solvable. Et ce conseil en forme de coup de grâce : prendre un emprunt, facilité par le gouvernement compte tenu des circonstances de la crise (un prêt garanti à 80 % par l'État), pour rembourser son découvert. « Ça vous donnera de l'oxygène », lui a-t-il dit, la main tendue, tandis que, de l'autre, il lui serait la gorge en lui demandant sa caution personnelle. C'est un honnête homme. Il n'a pas vu à mal, pas vu la manœuvre. Trop angoissé, trop inexpérimenté, trop coupable… et personne à qui parler. Prêt à tout pour se sortir de ce mauvais pas, pour sauver « la fromagerie de papa », et maman avec. Étaler les remboursements, repousser les échéances. Tout est bon, alors il a signé. Il me dit tout cela avec simplicité, soucieux de ne rien oublier. Commence l'interminable attente, entre espoir et inquiétude, bientôt douchée par le refus du prêt salvateur. Tout s'effondre. Et lui avec. Il broie du noir à l'intérieur, mais il compose, il ne laisse rien paraître aux clients du drame qui se joue pour lui. « J'ai honte », me dit-il encore. Il pense à son père. L'œuvre d'une vie, continuée par-delà sa mort, qu'il regarde s'éteindre impuissant comme un feu sous la cendre. Qu'aurait-il fait ?

Il est au désespoir et tout le dit dans son visage penché avec moi au-dessus des chiffres. Ses yeux sont tristes. Sa bouche est triste. Sa voix est triste. Tout est là, entre mes mains, il s'en remet à moi, me dit-il. C'est angoissant, ces actes de foi dans le député. Un acte de confiance un peu désespéré souvent, un peu hors de propos parfois aussi. Que puis-je donc faire, moi, qu'il n'ait fait lui-même ? Appeler son banquier ? Je le fais à peine sorti de sa boutique. Un mouvement d'humeur, je le concède. Je me suis autorisé à lui dire ce que mon pauvre fromager ne pouvait lui dire sans en craindre, mortifié, une écoute moins attentive encore. Je crois pouvoir dire qu'il s'en souvient. Tant mieux. Le directeur régional m'a rappelé le lendemain d'ailleurs. À quoi sert un banquier si on ne peut pas compter sur lui en cas de coup dur ? Plus question de caution personnelle après cet échange musclé. Reste à comprendre pourquoi le prêt garanti par l'État, soutenu par le directeur départemental des Finances publiques, un homme d'une grande écoute, a été refusé au plan national. Quelques appels. On va « revenir vers moi », comme on dit dans ce jargon débile d'entreprise et, désormais, d'administration. On ne « revient pas vers moi », alors je rappelle, baladé de réponse dilatoire en absence de réponse. Je me résous à l'absurde, personne ne sait pourquoi le prêt a été refusé. Et d'ailleurs nul ne le saura jamais, car, en dépit de ma qualité de député, je ne parviendrai plus à avoir quiconque de compétent au téléphone. Je le tiens informé de chacune de mes démarches et même si rien ne se passe, cela lui donne au moins l'impression que quelque chose pourrait se passer.

J'ai regardé sa comptabilité avec plus compétent que moi. Elle est à la fois simplissime et désespérante : la survie de la fromagerie ne tient pas à un prêt qu'il peinera à rembourser et l'entraînera tôt ou tard par le fond. Il ne travaille plus pour vivre, d'ailleurs il ne travaille plus que pour sa banque et pour ce découvert derrière lequel il court et il coule. Comment lui dire, à cet homme qui place ses derniers espoirs en moi, que j'ai échoué à lui obtenir ce prêt rédempteur et que son affaire n'est pas rentable ? Bien sûr, s'il prend quelques mesures de gestion, que ses fournisseurs lui font des facilités, que sa banque se fait moins pressante et que les clients reviennent sans tarder, il y a un espoir. Je sais qu'il est au bout du rouleau et mon impuissance est pour lui le signe dernier d'une situation désespérée. Ce jour-là, en le quittant, je sens bien que tout vacille. C'est ce que je lis dans son regard et dans son attitude lorsque je me retourne une dernière fois avant de monter dans ma voiture. C'est idiot, mais j'ai honte.

Arrivé chez moi, je l'appelle au téléphone. Interminable sonnerie. Il décroche, je m'entends dire : « Tenez bon la rampe, je ne vous lâcherai pas. » Dans mon impuissance, c'est tout ce que j'ai trouvé à dire. Ça ne voulait pas dire grand-chose d'ailleurs, sinon que je ne disparaissais pas avec le sentiment du dossier clos. Qu'il n'y avait pas pour moi de retour de l'indifférence. Que son histoire n'était pas une histoire parmi d'autres. Il n'y a pas pour moi d'ailleurs d'histoires parmi d'autres. Il y a des centaines d'histoires singulières d'égal intérêt. Autant de noms, de visages, de voix. Alors, il a tenu bon la rampe. Avec l'énergie du désespoir, il a fait le dos rond, il ne s'est plus même payé les dérisoires mille euros de son salaire pour des journées sans fin et des années sans vacances. Sa mère a tenu avec lui sur sa maigre retraite de femme de commerçant. Je suis passé chaque semaine, puis chaque mois, avec ces mots simples de connivence et d'encouragement : « Ça va ? » Ma façon un peu dérisoire de ne pas le lâcher.

Le covid s'est éloigné. Les clients sont revenus, de nouveaux aussi. Des semaines meilleures que les précédentes. Un bon mois de juillet avec les vacanciers. Les restaurateurs aussi. Le retour à l'équilibre, le retour du salaire et le bonheur jusqu'au fond des yeux. Sa fromagerie est sauvée, comme une nouvelle naissance. « Sa » fromagerie, plus seulement celle de son père. Il me le dit avec malice sous les acquiescements de sa mère pas peu fière de son fils. Derrière le comptoir de grès blanc, un jeune homme, un apprenti. « Je vais lui apprendre le métier. » Un sourire généreux éclaire son visage. *Cheese !*

Entre nos mains

« J'ai vu en mon temps cent artisans, cent laboureurs, plus sages et plus heureux que des recteurs d'université, et lesquels j'aimerais mieux ressembler. »

MONTAIGNE, *Essais, II, 12.*

Ma maison derrière moi. Une pincée de tuiles romaines dans le rétroviseur. Les Landes dans le dos. Le goudron cendré, couturé et moussu. L'herbe déjà haute. Le soleil froid de fin d'hiver transperce les arbres maigrelets qui s'arrachent aux taillis broussailleux et brille sur le capot de ma voiture. Je plisse les yeux. Des champs comme en hibernation. Des prés, des vignes, des pins. Quelques poignées d'oiseaux qui s'envolent à mon passage. Le volant trépide à chaque nid-de-poule. Je tourne au vieux chêne le tronc mâché par le grand capricorne. L'écorce de dentelle dégueule de sève et de sciure jaunâtre. Il semble ne tenir debout que soutenu par le lierre qui l'étreint comme un corset. Sur la droite le silo à maïs, un vaisseau posé là. Son ombre géante traverse la route qui s'enfonce entre deux vallons. À gauche, puis à droite au carrefour, la longue nationale s'étend comme une flèche. France Inter, François-Régis Gaudry à la radio qui grésille. Le bruit des pneus qui déroulent à l'infini, le souffle de l'air qui s'engouffre. Le calme encore. La gare, *Sud-Ouest Dimanche*, le train. Le retour, invariablement. Heureux pourtant. Le cœur débordant de bagages, j'ai fait mon plein de petites et de grandes causes. J'aime ce rythme des allers-retours. Comme s'il s'agissait d'une pulsation, une respiration qui vous garde éveillé, vivant, un peu lucide. J'essaie de ramener un peu d'ici là-bas. J'essaie de ne pas revenir les mains vides. Il y a un peu de vérité dans ces deux pôles d'attraction de la vie parlementaire, entre le réel rugueux des vies humaines et l'abstraction aride des textes de la République : il faut parvenir à les entremêler pour espérer un peu de justesse dans les perceptions et le jugement. Je ne sais pas quelles sont les petites recettes de mes collègues, moi j'emmagasine des sensations, des images, des odeurs et le son de quelques voix que je convoque lorsque je doute.

Je suis souvent assis sur le siège de velours rouge qui m'est attribué dans le tumulte de débats dont je savais la fin d'avance. Les pupitres claquent sèchement et les noms d'oiseaux s'échangent sans retenue. Le spectacle un peu moche d'une démocratie qui cherche son souffle.

Souvenirs. Par les rues de toutes les villes de France, les cortèges millionnaires n'y auront pas suffi. Nous aurons été impuissants à réduire l'adversité obstinée du gouvernement. Il est si facile d'avoir raison contre la France. Il y avait dans le mouvement des retraites quelque chose de plus profond dans ses causes et de plus vaste dans ses conséquences que cette seule réforme. Le pays laborieux souffre, il est rongé. Je l'ai vu, on me l'a dit d'une frappe dans le dos au marché du samedi : « Tenez bon, nous, on n'en peut plus. » La Première ministre passait pourtant le seuil de l'hémicycle, gravissait les quelques marches menant à la tribune et d'une voix morne prononçait, quoi qu'il en coûte à la démocratie, la phrase que chacun ici redoutait : « Sur le fondement de l'article 49 alinéa 3 de la Constitution, j'engage la responsabilité de mon gouvernement. » De quoi être découragé dans le sentiment mêlé de l'impuissance et de l'injustice. C'est un coup porté à l'estomac, absurde et violent. Je me serais, à coup sûr, laissé emporter par l'abattement si je n'avais acquis la conviction pratique que la politique vit moins d'illusions que de convictions. Il m'arrive de perdre mes illusions, mais, par un jeu que je ne m'explique pas, mes convictions en sortent le plus souvent renforcées. Le vrai découragement ne naît pas d'un combat perdu, d'une lutte inégale, sinon voilà bien longtemps que j'aurais rendu les armes, mais de ce qu'on ne connaît plus ni les raisons de se battre, ni celles et ceux pour lesquels on se bat. Bien sûr, parfois, le spectacle formidable de l'injustice semble décourager la justice elle-même. Mais je suis aujourd'hui trop impliqué, trop mêlé par le cœur et par l'esprit à la vie des femmes et des hommes que je vois chaque semaine pour ne pas connaître le sens profond de mon engagement : abattre les barrières invisibles qui partout s'opposent à la fraternité humaine. La fraternité comme lien affectif et moral. Je crois plus que jamais au génie de la fraternité. On me dira que la fraternité n'est pas un projet politique ? Je crois au contraire que c'est le seul qui vaille, le seul horizon à opposer à l'extrême solitude où la société laisse aujourd'hui chacune et chacun d'entre nous.

Ces vies, trop souvent loin des yeux et parfois loin du cœur de celles et ceux qui gouvernent, ces vies qui disparaissent dans la froide statistique et s'évanouissent dans le sondage éthéré, je les fais miennes. Je crois pouvoir dire qu'elles fondent aujourd'hui mon engagement politique et que tout m'y ramène. Nous devons en faire le terreau de cette fraternité retrouvée, un horizon heureux et commun, aujourd'hui, demain et en 2027.

La bonne nouvelle, c'est que pour y parvenir, tout n'est pas à refaire, tout n'est pas à abattre, tout n'est pas à abolir. Le vieux monde n'est pas à liquider et rien ne serait d'ailleurs plus vain que de réactiver les pièges d'une eschatologie révolutionnaire, surtout quand c'est la révolution nationale qui menace. Tout est entre nos mains. On me fera, peut-être, reproche de verser dans un sentimentalisme imbécile, d'être un huron naïf ou faussement candide, d'être obstinément aveugle. Que cela plaise ou irrite ne m'appartient plus. Mais ces mains, je les ai vues nombreuses à chacune de mes rencontres, au plus profond de la France, au cœur de « mes » Landes – je dis « mes » comme on me dit avec affection « mon » député –, dans ces vies difficiles affrontées avec courage, dans cet appétit de vivre qui ne se résigne jamais, dans l'aspiration contrariée à un bonheur simple, dans la générosité de celles et de ceux qui n'ont rien, dans ces révoltes le plus souvent silencieuses. Pas une auscultation distante. Je me suis baigné dans cette petite France comme seule façon d'être à ma fonction. Je suis embarqué. J'essaie, obstinément, de comprendre « comment ça marche ». Comment ça marche la vie des gens, comment ça marche la société, la politique, les services publics ? Comment ça marche, ma vie elle-même ? « L'indispensable condition à remplir pour entrer réellement dans l'action est de se connaître soi-même, d'avoir pris la juste mesure de soi », écrit Bernanos. Ces quelques pages tentent de dire aussi cette quête difficile.

Remerciements

Ce livre doit beaucoup aux conseils et à la lecture, aussi précieuse qu'attentive, de François, Alice, Guillaume, Emma, François-Xavier et Maxime. À mes extraordinaires collaboratrices landaises, Magali et Édith. À ma talentueuse et dévouée équipe parisienne, Nina, Philippe et Nicolas. À Najat et à ma famille. J'adresse des remerciements plus particuliers à Odile Jacob pour sa confiance, ses conseils et son écoute attentive et bienveillante, ainsi qu'à ses équipes.

Table

DU MÊME AUTEUR

Un esprit de résistance, Flammarion, 2021.

Cet ouvrage a été composé
en Adobe Garamond Pro et en Bembo Std
par Nord Compo
à Villeneuve-d'Ascq (Nord).

N° d'édition : 4150-0948-X – N° d'impression : 092479032
Dépôt légal : septembre 2024

Imprimé en France par Présence Graphique